L'INCRÉDULE

CONVAINCU

DE LA VÉRITÉ

DE LA

RELIGION CHRÉTIENNE.

L'INCRÉDULE

CONVAINCU

DE LA VÉRITÉ

DE LA

RELIGION CHRÉTIENNE;

Ouvrage dans lequel on a répondu à toutes les Objections de la maniere la plus claire, & auquel on a ajouté l'Analyse de l'Histoire sacrée depuis l'origine du Monde jusqu'à la venue du Messie.

PAR M. **** , Prêtre.

A PARIS,

Chez Jean-François BASTIEN,
Libraire, rue du Petit-Lion, près de
la Nouvelle Comédie Françoise.

M. DCC. LXXXII.

Avec Approbation, & Privilege du Roi.

AVERTISSEMENT.

Peu de Lecteurs aiment les lon-
gues préfaces, & il n'eſt pas rare
de voir un Ouvrage jugé ſans retour à proportion de l'ennui qu'elles
font naître ; pour éviter cet incon-
vénient déſagréable, & pour tâcher
en même tems de concilier à cette
production que je conſacre à la
défenſe de la foi l'indulgence du
Public, je n'en dirai qu'un mot ;
elle eſt moins deſtinée à ramener les
incrédules qui refuſent de croire,
qu'à raffermir les chrétiens chan-
celans dans l'amour du Dieu qu'ils
adorent. Je conviens qu'elle a be-
ſoin d'être lue avec une attention
ſuivie & dans le ſilence des paſſions : mais quels ſacrifices ne doit-

A

on pas faire pour découvrir la route du vrai bonheur ?

A la suite de ce petit Ouvrage est une Lettre à l'Auteur du Système de la Nature. Ce n'est point une réfutation en forme de ce livre trop fameux ; je me suis contenté de mettre l'Auteur en contradiction avec lui-même, & de lui exposer, en plaisantant, le danger de ses superbes rêveries, *ridiculum acri*, &c.

LA RELIGION

PROUVÉE

AUX INCRÉDULES.

PARAGRAPHE PREMIER.

I L y a un *Dieu* créateur & modérateur des êtres. Cette vérité, aussi constante que l'existence des créatures, est susceptible de plus d'une démonstration; & la raison qui les saisit suffit elle-même pour dissiper tous les sophismes de l'*athée* & de l'impie. Malgré toute la pénétration, toute la sagacité, toutes les lumieres des prétendus philosophes de tous les tems, nous n'avons pas encore un systême supportable; on a beau les fondre, les refondre pour leur donner un air de nouveauté, on a

beau les préfenter fous des titres im-
pofans, les revêtir de tous les ornemens de l'éloquence, & les mettre fur
le compte de la raifon, ils peuvent
féduire un efprit léger & frivole, ils
n'auront jamais l'avantage de convaincre, pas même ceux qui font affez
hardis pour les publier. Pour peu
qu'on les médite, on en découvre le
vuide, & il n'en réfulte qu'une vérité,
c'eft que tout eft inconcevable fans
un premier Être. Je pourrois ajouter
que la terre ne feroit bientôt plus qu'un
théâtre d'horreur, fi on pouvoit arracher du cœur des hommes l'idée, &
par conféquent la crainte d'une divinité ; cette conféquence eft capable
de révolter l'ami de l'humanité ; mais
l'*athée* réduit, par fon propre choix, à
la trifte condition des brutes, ne crain-
droit pas fans doute d'exercer leur fé-
rocité fur fes femblables, ou de l'éprouver de leur part.

Suppofer la matiere éternelle, c'eft
fuppofer un *Dieu*, & s'abufer groffiérement fur fa nature. Une exiftence
éternelle n'eft que le réfultat d'une exiftence néceffaire, parce qu'un Être exif-
tant de toute éternité, ne fauroit trouver hors de lui une raifon de fon

existence, il ne la trouve que dans lui-
même : il n'est éternel par conséquent
que parce qu'il est nécessaire. Un Être
nécessaire, quel qu'il soit, est donc
celui qui, non-seulement, ne peut pas
ne pas être, mais qui ne sauroit être
autrement qu'il est. Cet Être doit donc
réunir toutes les perfections possibles,
parce que dans lui tout est positif, tout
est réel, & toute négation lui répugne,
il exclut donc absolument tout défaut.

Qu'on subtilise tant qu'on voudra,
la matiere ne fournira jamais à tout
ce qu'une existence éternelle, & par
conséquent nécessaire, exige. La seule
variété de ses formes, ses différentes
modifications, les divisions, les sépa-
rations, les secrétions, les métamor-
phoses qu'elle essuie, tout annonce sa
contingence. Dans un Être nécessaire,
tout doit être nécessaire, parce que
tout est lui-même ; ses modes, s'il étoit
possible qu'il en eût, seroient aussi nécessaires que lui, & ne sauroient subir
la moindre variation. La matiere éternelle & nécessaire seroit donc aujour-
d'hui ce qu'elle fut dans le commencement ; & dans le commencement, on
a la mal-adresse de la supposer informe,
& d'attribuer au mouvement les diffé-

rentes combinaisons qui ont produit ces différens êtres dont l'univers est embelli.

Il est donc vrai qu'il existe un Être plus parfait que la matiere, & cet Être n'est ni matiere, ni dans la matiere : cet Être sera donc l'auteur de la matiere, puisque la matiere ne sauroit exister par elle-même : cet Être est donc *Dieu*, ou tout au moins, ce que j'appelle *Dieu*, & ce que je comprends sous l'idée de *Dieu*.

§. II.

L'EXISTENCE d'un *Dieu* démontrée, ou supposée comme une vérité nécessaire, je me replie sur moi-même, & j'analyse ma nature. Je découvre dans moi deux genres d'opérations qui me paroissent essentiellement différentes : les unes & les autres partent du fond de mon être. Je *sens* & je *pense*, mes sensations & ma pensée ne sauroient être les effets d'un seul & même principe. Les *physiciens* & les *anatomistes* se réunissent pour me dire que *l'irritabilité* est dans moi, comme dans tous les êtres vivans, la source du sentiment & de la vie. C'est-là, disent ils, la premiere propriété de mon être physique, la propriété radicale d'où toutes les autres découlent. Dans l'idée de *l'irritabilité* je ne découvre point, à beaucoup près, la faculté de penser, parce que tout ce qui seroit *irritable* seroit *pensant* ; je conclus donc :

1°. Que dans moi le principe de la pensée differe de celui des sensations.

2°. Que ces deux principes doivent être substantiels, puisque leurs produits font des modifications ou des propriétés.

3°. Que ces deux principes substantiels font des parties de mon être, puisque leurs modifications ou leurs propriétés ont leur existence & leur action dans mon être.

4°. Enfin, que je suis un être *mixte*, puisque mon existence est le résultat de l'union de ces deux principes.

§. III.

LES principes font entr'eux comme leurs propriétés : si les propriétés sont essentiellement différentes, les principes seront essentiellement différens. Par la nature des propriétés, je connoîtrai donc la nature des principes ; je procede du plus connu au moins connu, & je juge par les loix d'une analogie nécessaire.

Les senfations font matérielles. J'en explique la théorie par le fimple méchanifme des organes : leur principe eft donc matériel ; elles ne peuvent donc s'exercer que dans une fubftance matérielle.

Je cherche à expliquer, par le même méchanifme, la théorie de mes penfées ; mes efforts font vains ; je ne découvre que du mouvement. Ma penfée eft un être fimple qui ne peut fouffrir ni décompofition, ni divifion, tandis qu'elle décompofe, qu'elle divife tous les objets qu'elle embraffe. Je la regarde donc comme une propriété abfolument incompatible avec la matiere ; parce que dans un fujet divifible effentiellement, il ne peut rien fe rencontrer qui lui foit effentiel, & qui foit effentiellement indivifible. Et comme une propriété ne fauroit exifter fans un fujet, je me vois forcé de reconnoître dans moi un principe, un fujet de ma penfée qui foit indivifible comme elle, qui differe par conféquent de la matiere. Ce raifonnement le plus fimple peut-être, & le plus commun, eft auffi le plus folide ; il porte fur le témoignage du fens intime contre lequel tous les fophifmes font impuiffans.

Mais voulût - on s'aveugler jufqu'

éluder la force de ce témoignage ; il suffira, pour dissiper tout doute, de réfléchir sur la faculté que nous avons de comparer nos idées entr'elles, & de former nos jugemens ensuite de cette comparaison. Cette faculté, la seule peut-être qui nous distingue des brutes, si le principe qui pense dans nous est matériel ; cette faculté, dis-je, disparoît ; nous rentrons dans la classe des êtres les plus vils & les plus stupides, & il nous est impossible de juger de rien : parce que,

1°. Si le sujet qui pense dans nous est matériel, quelque subtilité qu'on prête à la matiere qui le compose, fût-elle aussi déliée que l'éther, aussi impalpable que la lumiere, il est évident qu'il est étendu, il est évident qu'il est divisible, puisque ses parties sont sociables, & qu'elles doivent être associées pour former un *tout*.

2°. Parce qu'un sujet étendu ne peut percevoir les idées que par le moyen de l'étendue, n'y ayant rien dans lui qui ne soit étendu ; & que d'ailleurs dans les principes des *matérialistes*, toute propriété qui ne seroit point étendue ne sauroit être une faculté, puisqu'elle ne seroit qu'une négation : or, l'étendue ne nous offre qu'un nombre fini

de parties *homogenes* qui finissent, qui
se lient, qui s'amalgament, mais qui
ne se pénetrent point ; une partie est
par conséquent très-distincte de l'autre,
peut très-bien être séparée du *tout*, &
former un petit tout elle-même.

3°. Parce que la perception & la
comparaison des idées supposent de
l'intelligence. Qu'on en prête, si l'on
veut, à l'étendue ; je demanderai 1°.
si cette intelligence nécessaire réside
dans le sujet comme étendu, auquel
cas elle sera étendue & divisible comme
le sujet. 2°. Si elle est dans le sujet &
dans chaque partie du sujet, de façon
que la plus petite partie du sujet ait
autant d'intelligence que le sujet lui-
même, & pour lors il faudra convenir
que les intelligences sont aussi multipliées que les parties, & divisibles
comme elles ; ou que l'intelligence est
une, & par conséquent toute dans le
tout, & toute dans chaque partie du
tout ; ce qui seroit admettre la simplicité & l'indivisibilité de l'intelligence ;
l'ame sous un nom différent. Dans la
premiere supposition, la seule conforme
aux principes du *matérialisme*, chaque
partie du sujet étendu a une portion
d'intelligence correspondante à sa masse ;

& c'est précisément ce qui prouve l'impossibilité de la comparaison, je dirois même de la perception des idées.

En effet, dans ce système la perception des idées n'aura lieu que par la voie du *contact physique*, médiat ou immédiat ; c'est-là le seul moyen de faire éprouver des impressions à un sujet étendu ; il faut que deux corps se touchent pour se sentir. Deux idées différentes auront donc deux points de *contact* différens ; c'est-à-dire porteront physiquement sur deux parties différentes du sujet étendu : chacune de ces parties percevra l'idée qui portera sur elle, mais n'ayant pas l'intelligence du tout, elle ne percevra point l'idée qui portera sur une autre partie ; le défaut de perception entraîne l'impossibilité de la comparaison ; l'impossibilité de la comparaison celle du jugement : il sera donc impossible de juger, parce qu'il sera impossible de comparer.

On peut en conclure qu'il sera également impossible de percevoir une idée toute entiere, par la raison que les idées étant divisibles, & perçues par un sujet divisible, elles auront, à raison de leur étendue & de celle du sujet, plusieurs points de *contact*. Le raisonnement que nous avons fait à l'égard du *tout*, nous pouvons le faire à l'égard de la partie; l'intelligence, principe de la perception & de la comparaison, ne peut pas être plus simple & plus indivisible dans la partie que dans le *tout*. Matérielle, l'intelligence doit suivre les loix de la division ou de la divisibilité de la matiere, & personne n'ignore que la matiere est divisible à *l'indéfini*.

On dira peut-être que la comparaison des idées sera impossible de partie à partie, mais que le sujet ayant l'intelligence de toutes les parties, il pourra comparer lui - même & juger par conséquent.

Mais le sujet est-il donc différent de toutes les parties réunies ? L'association de ces parties produira-t-elle un *tout* existant par lui-même & indépendant des parties ? Résultera-t-il de ces intelligences partielles une intelligence générale ? Cette intelligence sera-t-elle simple ou étendue ? Questions qu'un matérialiste ne pourra résoudre, & qui nous conduisent au même raisonnement que nous avons déjà fait.

Il est donc vrai que la pensée ne sauroit se diviser ; il donc vrai que son principe eſt indiviſible comme elle. A raiſon de ſon indiviſibilité, je l'appelle *ſpirituel*, pour le diſtinguer du ſujet de la diviſion que j'appelle *matiere*.

Je me crois obligé de faire hommage de cette preuve triomphante au ſavant & profond M. *Bonnet*. Ce grand homme, qui fait un ſi noble uſage de ſes talens & de ſes lumieres, me pardonnera ſans doute de l'avoir copié, & d'avoir eſſayé de développer ſes idées. Heureux ſi j'ai réuſſi à les bien ſaiſir, & à les rendre d'une maniere ſenſible.

§. IV.

JE cherche à m'aſſurer encore plus de la nature de mon principe penſant, & je ſuis effrayé, des conſéquences que ſa *matérialité* me fournit. En le ſuppoſant tel, l'*athéiſme* eſt le ſeul ſyſtême que je puiſſe raiſonnablement adopter. La matiere ſuffit à tout; puis-je dire, tout eſt donc matiere : la matiere eſt le ſujet propre de toutes les propriétés connues ; ces propriétés, quoique différentes en elles-mêmes, ne ſont que des modifications de la matiere ; la différence de ces modifications trouve ſa raiſon dans l'arrangement combiné des parties de la matiere. Les êtres ne different donc entre eux que par l'arrangement, la combinaison des parties matérielles qui les composent; & comme cet arrangement, cette combinaison est accidentelle, la différence des êtres l'est aussi ; tous les êtres sont donc essentiellement les mêmes, puisqu'ils sont essentiellement *matiere*, je ne puis donc en concevoir aucun, sans le concevoir matériel, & la combinaison ou la forme, sous laquelle il frappe mes sens, ne me fournit qu'une idée accidentelle à son essence : la matiere est donc le sujet présupposé de tous les êtres ; je ne puis donc rien concevoir avant la matiere, parce que je ne puis concevoir aucune modification sans sujet ; je ne puis donc concevoir qu'un *Dieu* matiere, & ma raison ne reconnoîtra jamais pour *Dieu* un être qui ne differe de moi que par l'arrangement de ses parties. Je suis donc forcé d'être *athée*, si je veux être matérialiste.

Je sais que sans prononcer sur le fait, je pourrois me replier, avec certains philosophes sur la simple possibilité, & accorder du moins à la matiere la capacité de penser. Je connois à cet

égard tout le spécieux des raisonnemens, dont on s'efforce d'appuyer ce
problême philosophique : mais, sans
entrer dans le détail des preuves,
solides ou non, qu'on peut alléguer
pour & contre, je dis seulement qu'il
est bien malheureux que cette simple
capacité, cette simple possibilité, me
conduise à la même conséquence que
le fait.

En effet, la *matiere* une fois capable de penser, je ne vois aucune répugnance à la croire pensante ; *le pos-*
sible peut être réduit à l'acte sans contra-
diction, sans absurdité ; il n'y a plus,
dès-lors, aucune opposition entre la
pensée & la *matiere* ; l'une peut *inhérer*
dans l'autre, cette inhérence sera même
nécessaire. Pourquoi ? parce que la
pensée n'est qu'une propriété ; comme
telle, elle doit appartenir à une substance déterminée ; si *l'esprit* n'est pas
son sujet propre, je n'en connois point
d'autre à lui assigner que la *matiere* ;
Dieu pour lors, *Dieu* lui-même, ou
l'être *intelligent*, l'être *pensant* par excellence, n'en sera pas exempt. Eh !
quel *Dieu* que celui auquel nous pourrions, nous serions même forcés de
donner un corps !

Je n'extravague point, je raisonne, je conclus d'une possibilité à l'autre ; s'il est possible que la *pensée* soit un *attribut*, une *propriété* de la *matiere*, il est très-possible que cette propriété ne puisse convenir qu'à la *matiere* ; il est donc très-possible que la *matiere* soit le sujet propre de la *pensée* par exclusion à tout autre sujet : ce dernier possible devient même nécessaire, dans la supposition que le premier soit réduit à l'acte, parce qu'une propriété ne sauroit convenir à plusieurs sujets essentiellement disparates. Dès-lors il m'est très-permis de conclure qu'il est très-possible que tout être pensant soit un être purement *matériel*, & que tout être matériel soit un être pensant. Par la même conséquence, il me paroît très-possible que la pierre pense, & que *Dieu* ne soit que matiere. Sur ce dernier point, établir la simple possibilité, c'est établir un blasphême réel, & donner comme possible la non-existence d'un être nécessaire.

Qu'on se retranche, si l'on veut, sur *l'organisation*. Ce résultat de l'arrangement & de la combinaison des parties pourra bien donner à l'être une nouvelle forme extérieure, mais

ne lui donnera jamais une propriété
que son essence primitive lui refuse;
& il sera toujours vrai que, si *l'esprit*
ou l'être immatériel, est le sujet propre
de la pensée, la matiere ne sauroit
penser, quelque subtile, quelque bien
organisée qu'on la suppose : que, si,
au contraire, la *matiere* peut penser,
l'existence des *esprits* devient un problême, que je puis étendre jusqu'à
celui, qui seul peut avoir créé la *ma-*
tiere & *l'esprit.*

Je suis donc fondé de conclure,
que ces deux propositions, la *ma-*
tiere pense, ou la *matiere peut penser*, sont
deux paradoxes également déniés de
fondement & de preuves. Je puis donc
conclure encore que c'est un *esprit*
qui pense en moi, ou qu'il n'est point
d'esprit dans la nature, point de *Dieu*
par conséquent. La spiritualité de mon
ame est donc une vérité qui découle
nécessairement de l'existence d'un Être
suprême & nécessaire, & cet Être n'est
plus qu'une chimere, si mon principe
pensant est, ou peut être *matériel.*

§. V.

Parvenu par les lumieres de ma
raison à me convaincre de l'existence

d'un *Dieu* & à distinguer essentiellement le principe de ma pensée, du
principe de mes sensations, je consulte encore ma raison, pour m'éclairer sur la permanence, ou la destructi-
bilité de mon être.

Par les simples loix du mouvement,
je conçois que le principe ou le sujet
de mes sensations doit un jour se dé-
sunir, & que mon organisation, qui
est comme la forme de mon tout ou
de mon être physique, doit subir le
sort de tout composé matériel. Je sens
qu'il ne seroit pas au-dessus de la puissance du *Dieu* qui m'a formé, de
continuer mon existence sensible; mais
l'expérience journaliere me prouve,
qu'aussi libre dans ses volontés, qu'a-
dorable dans ses desseins, l'auteur de
mon être a voulu sur ce point, laisser
un libre cours aux loix générales qui
résultent de l'essence des êtres.

Je n'ai pas, à beaucoup près, des
lumieres aussi claires sur le sort futur
de mon principe pensant : tout ce que
je sais, c'est qu'il ne peut cesser d'ê-
tre, ni par la dissolution, ni par la
décomposition, puisqu'il n'a point de
parties ; que, s'il est pour lui une fin,
ce ne peut être que l'anéantissement,

& que cet anéantiffement dépend uniquement d'un acte de la volonté de celui qui l'a créé. Il me paroîtroit cependant étrange qu'un être , dont la fageffe eft auffi infinie que la puiffance , fe déterminât à replonger dans le néant un *efprit* qui par fa nature tend à l'immortalité : mais , malgré toute la force des raifons que je puife dans l'effence même de l'être *immatériel*, je n'ai, pour établir cette vérité confolante , que de grandes probabilités , de grandes vraifemblances ; je ne puis même , fur ce point , acquérir une certitude capable de me tranquillifer. Ma qualité d'être dépendant , mon ignorance fur l'enfemble du fyftême moral , & fur fes rapports avec le fyftême phyfique , les notions imparfaites que j'ai des perfections divines , tout arrête ma marche , & fufpend la hardieffe de mes conféquences. Je crains , en cherchant la vérité , de ne rencontrer que de trompeufes conjectures. Mon immortalité fera donc le point fixe d'où je dois partir , pour me former un fyftême raifonnable , ou pour donner quelque confiftance à celui qu'on s'eft efforcé d'établir dans mon efprit dès ma plus tendre enfance.

§. VI.

SI je ne raisonne que d'après les loix particulieres de mon être, je prononce sans peine, que, ce que j'appelle *esprit* dans moi, doit toujours exister. Si je suppose que l'auteur des êtres & des loix des êtres, n'a eu aucune raison suffisante pour y déroger. Dès-lors je vais de conséquence en conséquence ; il s'ouvre devant moi une carriere immense de vérités, qui, essentiellement liées les unes aux autres, forment une chaîne que rien ne sauroit rompre. Je conclus :

1°. Que, puisque je ne dois jamais cesser d'être, tout ne se borne pas pour moi à mon existence actuelle ; que la mort ne sera pour moi qu'un changement d'état, ou un développement, un perfectionnement nouveau de mon être, & que la dissolution de mon corps sera comme le germe de cette vie future. Je ne concevrois pas aisément qu'un Être sage voulût perpétuer mon existence pour me dégrader. Je conclus :

2°. Que j'ai été créé pour une fin, & que cette vie future, qui doit éter nifer mon être, doit auffi me mettre en poffeffion de cette fin. Cette conféquence porte fur le même fondement que la premiere. Je conclus:

3°. Que cette fin doit être en rapport d'analogie, d'un côté, avec l'effence de l'homme; de l'autre avec la fuprême fageffe de fon auteur. Je conclus:

4°. Que l'effence de l'homme tenant à fa conftitution *d'être raifonnable*, que cette conftitution étant le réfultat de l'union d'un principe indeftructible à un corps organifé, un Être infiniment fage a dû fixer pour l'homme une fin qui fût en rapport, tant par fa durée, que par fa nature, avec ce principe immortel qui conftitue effentiellement l'homme.

§. VII.

MA raifon ne me découvre point encore quelle eft cette fin à laquelle je dois afpirer; mais elle m'en découvre l'exiftence, puifqu'elle m'en découvre la néceffité. En étudiant ma nature, je fens que je fuis fufceptible de bonheur ou de malheur, de joie ou de trifteffe, de plaifir ou de douleur : je remonte encore jusqu'à celui qui m'a donné l'exiſtence & qui a ainſi modifié mon-être ; je le conçois comme l'Être le plus parfait, puiſqu'il eſt le premier des êtres, & l'auteur des perfections de tous les êtres : une félicité inaltérable, une puiſſance ſans bornes, une ſageſſe qui ne peut ſe démentir, une juſtice que rien ne peut corrompre, ſont tout autant d'attributs inſéparables de cet Être. Je conclus donc que la fin qu'il me deſtine doit me procurer la plus grande ſomme de bonheur poſſible. Je me plais à me nourrir de cette idée, elle adoucit mes maux préſens, & me tranſporte d'avance dans les abîmes de l'éternité qui doit les faire entiérement ceſſer.

§. VIII.

CRÉÉ pour une fin, & une fin ul térieure à mon exiſtence actuelle, il eſt ſans doute pour moi des moyens pour y arriver ; une fin ſans moyens ſeroit une fin impoſſible ; une telle fin ne ſauroit être propoſée par un être ſouverainement juſte. L'exiſtence de la fin emporte donc néceſſairement l'exiſtence des moyens, & des rapports de proportion entre les moyens & la fin. J'ai déjà dit que cette fin devoit être proportionnelle à ma substance pensante ; ces moyens doivent donc avoir, avec cette même substance, la même proportion, la même analogie. Ce n'est donc pas par des moyens purement physiques, que je puis me flatter d'arriver à cette fin. Je me replie encore une fois sur moi-même, je m'examine, & je vois que comme je puis éprouver des sensations différentes, je puis aussi être diversement dirigé : cette dirigibilité, & la perfectibilité qui en est une suite, me font conclure à la moralité de mes actions ; je me regarde en conséquence comme un être tout-à-la-fois physique & moral, & je conclus enfin que les moyens qui doivent me conduire à la fin pour laquelle je suis créé dépendent plus du moral que du physique,

§. IX.

UN Être dirigible, un Être perfectible, un Être moral, en un mot, doit incontestablement produire des actes dissemblables, puisqu'il doit en produire qui s'éloignent ou s'approchent plus ou moins du terme de sa perfection ; qui soient plus ou moins conformes à la direction, ou à la tendance qui lui est naturelle, plus ou moins propres, par conséquent, à le conduire à sa fin. C'en en est assez pour me faire conclure à l'existence d'une loi, qui soit comme la regle invariable de mes actions, & à laquelle je puisse les comparer pour juger de leur différence. Ce seront donc les rapports de conformité ou de difformité de mes actions avec cette loi qui fonderont la moralité de mes actions. Ces rapports ne sauroient être arbitraires, puisque la loi qui en est le fondement ne l'est point, & ne peut pas l'être, même à raison de sa généralité, & de l'uniformité de ses relations avec tous les êtres moraux. Quelle confusion, quel désordre parmi ces êtres, s'ils existoient sans loi, ou si cette loi pouvoit se plier à leurs caprices ! Il est donc une loi générale, nécessaire, absolue, indépendante, immuable par conséquent. Cette loi n'est autre chose que la raison éternelle, qui préside à l'harmonie du monde moral, comme elle préside à l'harmonie du monde physique. Il est donc

du bien & du mal moral, comme il
eft du bien & du mal phyfique, &
le double fyftême de relations qui
réfulte de ces deux ordres, porte
comme l'ordre même fur l'effence des
chofes. J'en conclus que, comme la
diftinction du bien & du mal phyfique eft effentielle, la diftinction du
bien & du mal moral l'eft auffi : il
n'eft pas moins effentiel en effet qu'une
action, qui manque de relation avec
cette loi qui eft le fondement de toute
juftice, foit défectueufe, qu'il eft effentiel qu'un corps foit écrafé par un autre
corps qui pefe fur lui, s'il n'eft pas
avec lui en proportion de maffe & de
dureté.

§. X.

Un être créé pour le bonheur, &
le plus grand bonheur poffible, un
être foumis à des loix, & dont les
actions peuvent avoir avec ces loix
des rapports effentiellement différens,
a fans doute, par la différence de ces
rapports, des moyens pour atteindre à
fa fin, & des moyens pour s'en éloigner. Ces moyens font en fa difpofi-
tion, & le choix qu'il en fait eft l'effet de fa propre détermination. Cet

être eſt donc libre, il ne tend point à
ſa fin par la force invincible d'une nature aveugle & ſoumiſe aux dures loix
du fataliſme.

Cette conſéquence eſt auſſi néceſſaire
qu'intéreſſante, elle eſt le plus ferme
appui de nos eſpérances, & la baſe
unique de notre bonheur préſent &
futur : ſans elle, il n'eſt ni vice ni
vertu, toutes nos actions ſont indifférentes, parce qu'elles ſont uniformes.
Le ſyſtême qui réſulteroit de ce paradoxe ſeroit auſſi funeſte à la ſociété
que contraire à la raiſon ; & en ren-
verſant les notions les plus communes, ſaperoit par les fondemens tous
les ſyſtêmes politiques & toute l'économie civile, il n'eſt plus de crimes,
dès qu'il n'eſt point de liberté ; il n'eſt
plus de juſtice dans les loix pénales,
dès qu'il n'eſt point de crimes, & il
n'eſt plus de frein, dès qu'il n'eſt plus
de loix, ou qu'on peut les violer,
ou les braver comme injuſtes. Le
fataliſte eſt plus redoutable que les ti-
gres ou les lions ; l'intérêt perſonnel
eſt le ſeul inſtinct qui le guide & le
ſeul qu'il doit écouter, ou c'eſt l'être
le plus inconſéquent, s'il redoute les
loix, & ſi cette crainte influe ſur ſes

mœurs. Je le répete donc, l'homme
eft libre ; fes actions différent entre
elles , & par leur nature , & par leur
objet , & par leurs rapports , & par
leurs effets. Il a la faculté d'élire & de
tendre au bonheur par des actes plus
ou moins propres à le lui procurer.
L'affécution de fa fin fera donc pour
lui une récompenfe , la privation de
cette fin fera pour lui une peine ; &
comme cette fin doit être éternelle ,
fa récompenfe le fera auffi.

§. XI.

Un être moral, & conféquemment
un être libre, un être foumis à une
loi qui le dirige , & qui lui montre
la poffibilité de fe perfectionner*, &
par-là même d'être heureux, cet être
aura fans doute des devoirs à remplir : ces devoirs, fondés dans la loi,
comme la loi eft fondée fur l'effence
de l'Être dirigible , ces devoirs, dis-je,
feront le réfultat de fes relations, &
ces relations lui étant effentielles, fes
devoirs le feront auffi. Pour en connoître la fomme & l'étendue, il fuf-
fira donc de combiner & d'apprécier
fes relations.

B 2

§. XII.

L'HOMME ne s'eſt point donné l'exiſtence, il n'a donc pas toujours exiſté : il a commencé. d'être, il eſt donc hors de lui une raiſon, un principe de ſon être : il a donc avec ce principe les mêmes relations qu'un effet a avec ſa cauſe : cette cauſe étant toujours exiſtante, puiſqu'elle eſt néceſſaire, ces relations exiſtent toujours; cette cauſe influant ſans ceſſe, puiſqu'elle eſt toujours active, ces relations croiſſent & ſe fortifient ſans ceſſe, & fondent une dépendance auſſi conſtante qu'abſolue. J'en conclus que l'homme a conſtamment & indiſpenſablement des devoirs à remplir envers ſon Auteur. Seroit-ce s'écarter de la raiſon que de calculer ces devoirs ſur la bienfaiſance de cet Être créateur, & d'obliger l'homme à la reconnoiſſance, à l'amour, au reſpect & à l'adoration. De cette obligation ſi raiſonnable, quelle foule d'autres devoirs ne naîtra-t-il pas? Pour peu que l'homme ſonde ſon propre cœur, il les y trouvera gravés,

§. XIII.

ÊTRE mixte : l'homme réfulte de deux fubftances effentiellement différentes ; elles font dans un commerce auffi intime que conftant, puifque ce font des parties d'un même tout.

L'illuftre M. Bonnet les regarde comme inféparables ; il n'a peut-être pas tort : l'union eft de l'effence de l'être mixte, le mixte difparoîtroit donc avec l'union, & l'homme céfferoit d'être homme s'il n'exiftoit que comme *efprit*, comme il cefferoit d'être homme, s'il n'exiftoit que comme *corps*. Le fyftême de M. Bonnet renverfe bien des difficultés, & il paroît auffi folide qu'ingénieux : j'aurois bien de la peine à me perfuader que fon *développement*, fon *perfectionnement futur* ne fût qu'une heureufe conjecture. Quand on étudie la nature en vrai philofophe, on ufe de fes découvertes en chrétien, & on peut prefque fe flatter d'avoir faifi la vérité. Nos erreurs font prefque toujours le fruit de l'abus que nous faifons de nos lumieres, & la jufte peine du but, fouvent criminel, que nous nous propofons dans nos recherches.

B 3

Quelle que soit, au reste, la durée de ce commerce, qui regne entre les deux parties de notre être, les relations qu'il fonde dureront autant que lui, & ces relations seront, dans le tems, une source de devoirs pour l'homme, relatifs à lui-même.

Par sa raison d'être physique, l'homme tend, comme tous les êtres vivans & sensibles, à la conservation de son existence : ce vœu de la nature, toujours secondé dans les brutes, dépend dans l'homme d'une volonté flexible : s'il n'a pas la faculté de se conserver par lui-même, puisqu'il est dépendant, il a du moins la faculté de se détruire, puisqu'il est libre, & cette faculté restreinte par la loi, lui impose l'obligation de ne rien faire qui puisse le priver de son existence, ou en hâter la cessation. Toutes les vertus morales sont à la suite de ce principe.

Par sa raison d'être moral, l'homme est appellé à jouir d'un bonheur proportionnel à la plus noble partie de lui-même : il doit donc saisir tous les moyens de se le procurer. Ce bonheur lui est assuré à titre de récompense, & la récompense n'est due qu'à la vertu, parce qu'il n'est que la vertu qui soit en proportion avec elle. L'homme moral doit donc pratiquer la vertu & fuir le vice. Ce sont-là les bornes de son amour-propre.

§. XIV.

L'HOMME est individu d'une espece ; il est d'autres individus qui lui ressemblent ; la conformité de nature, de facultés, de besoins unissent entr'eux ces individus. Ils ont donc entr'eux des liaisons, des rapports, des relations ; ils ont donc des devoirs mutuels à remplir. Réunis par les besoins, ils ont tous la même volonté de les satisfaire, & le même desir que les autres y concourent : ils veulent être aimés, secondés & servis : ils doivent donc, à leur tour, aimer, seconder & servir.

L'ensemble des relations que l'homme a avec son auteur, avec lui-même, avec ses semblables, forme la somme de ses devoirs ; & la somme de ses devoirs est ce que nous appellons la loi de nature, ou le code de la raison. Loi essentielle en elle-même & essentielle à l'homme, puisqu'elle est fondée sur l'essence de l'homme & des actions de l'homme. Loi fondamentale par conséquent, & sur laquelle toute loi doit être calquée ou modelée pour être juste.

§. XV.

VOILA jusqu'où ma raison pousse ses découvertes ; voilà la chaîne des vérités qu'elle me présente. Qu'il seroit dur pour moi de ne pouvoir pas m'y attacher ! Mon immortalité est la base de tout mon système. Si tout se borne pour moi à mon existence actuelle, je me vois ravalé à la triste condition des brutes, & je subirai sans doute les mêmes loix : une dure fatalité me confond avec elles : plus de liberté, puisqu'il n'est plus de mérites ; plus de mérites, puisqu'il n'est plus ni peines ni récompenses ; plus de peines ni de récompenses, puisqu'il n'est plus d'avenir. Ne pourrois-je pas ajouter qu'il n'est plus de loix, puisqu'il n'est plus de liberté, qu'il n'est plus ni vice ni vertu, puisqu'il n'est plus de loix, & que tout est moralement indifférent, puisque tout est physiquement nécessaire ? L'édifice, que je viens d'élever, croule donc sur lui-même, si j'en détache ce que je puis appeller la pierre angulaire. Tout dépend donc de mon état futur ; c'eſt cet état qui a ſeul droit de m'intéreſſer , & ſur lequel j'appuie mes mœurs, mes deſirs & mes eſpérances.

Cet état tient, à la vérité, à des notions ſur leſquelles je ne ſaurois ſoupçonner ma raiſon de ſe méprendre : mais la liaiſon de ces notions avec cet état eſt-elle eſſentielle ? Ne puis-je ceſſer de prétendre à l'immortalité , ſans ceſſer d'être un être raiſonnable & moral ? Y a-t-il plus que de la convenance entre la conſtitution actuelle & le perfectionnement futur de mon être ? Dépendant dans mon exiſtence, le ſuis-je moins dans ma conſervation & dans ma durée ? Le *Dieu* qui m'a créé ne peut-il m'anéantir ? Et s'il le peut, lui répugne-t-il ou lui eſt-il impoſſible de le vouloir ?

Queſtions problématiques , qu'un homme ſage n'entreprendra jamais de réſoudre , & dont l'inſolubilité me replonge dans les plus épaiſſes ténebres. Ma raiſon n'eſt donc pas un flambeau ſuffiſant pour m'éclairer : ce flambeau ne jette qu'une pâle lueur, à la faveur de laquelle je ne découvre tout au plus que la myſtérieuſe obſcurité qui me dérobe ma deſtinée.

§. XVI.

LES partifans de la raifon crieront fans doute au blafphême; leurs cris feront toujours impuiffans, tant que cette raifon fera en contradiction avec elle-même, & qu'on verra des êtres raifonnables renouveller les fyftêmes monftrueux enfantés par la raifon. L'*athée* & le *déifte*, le *matérialifte* & le *défenfeur des efprits* s'appuient également de la raifon, fe fondent fur fon témoignage, & fe reprochent mutuellement d'abufer de fes lumieres, & de les obfcurcir. Qui fera leur juge? Qui décidera cette caufe importante? La raifon fans doute : c'eft à fon tribunal qu'ils en appellent les uns & les autres. La voilà juge dans fa propre caufe; à la bonne heure : mais qui fera le juge des décifions de la raifon? Qui convaincra l'*athée* que ces décifions ne lui font point favorables? Qui pourra démontrer au *déifte* qu'il a mal entendu le fens de l'oracle? La raifon fans doute encore, & toujours la raifon. Mais malheureufement il faudra toujours une raifon de la raifon, & cette raifon fera toujours fufpecte, parce

que chacun se croira fondé à l'interpréter en sa faveur, & d'en étayer
son sentiment. Une sentence équivoque
peut favoriser des prétentions contradictoires ; mais pour fixer le droit d'une
des parties il faut que l'équivoque cesse,
& ce ne sera sûrement pas la sentence
elle-même qui la fera disparoître.

Quoi qu'on en dise, la raison est un
guide aveugle dès qu'elle n'est point
soutenue par le sens intime, par ce
tact intérieur qui lui fait sentir la présence & la nature des objets qu'elle
poursuit ; elle n'est point l'organe infaillible de la vérité sur des points qui
n'ont qu'une relation indirecte avec
ses lumieres. La vérité est une, elle
ne peut avoir qu'une expression, elle
ne peut avoir qu'un langage. La diversité des opinions sur des matieres essentielles & essentiellement déterminées,
n'annonce qu'une diversité d'erreurs
plus ou moins grossieres, plus ou moins
ridicules. Si les hommes, fixant tous
le même objet sensible, se partageoient
en différens sentimens sur sa forme &
sur sa couleur, je serois, je crois, fondé
de conclure, ou que l'objet n'étoit
point à la portée de leur organe, ou
que personne ne l'a vu tel qu'il étoit,

ou qu'enfin la vue est un témoin fort suspect.

Ce qui n'est qu'une supposition par rapport à la vue, est une réalité par rapport à la raison, relativement sur-tout, & à ce que nous sommes, & à ce que nous deviendrons. Chaque homme a sa maniere de voir, elle décide de sa maniere de penser, &, à l'entendre, c'est toujours la raison qui l'éclaire dans ses jugemens, ou dans les idées qu'il se forme des cho-ses. Timide dans les uns, elle n'en-fante que l'incertitude & le doute; superbe dans les autres, elle prononce d'un ton décidé, mais presque tou-jours sans examen; flétrie par l'igno-rance dans la plupart, les notions les plus communes sont pour elle des mysteres impénétrables; obscurcie dans un grand nombre par les préjugés, elle en adopte aveuglément les er-reurs & le langage; esclave des pas-sions dans plusieurs, elle en suit les impressions & les caprices; entraînée par l'autorité dans ceux-ci, elle ne voit, elle ne juge jamais par elle-même; opprimée par l'amour-propre dans ceux-là, elle préfere une erreur flatteuse à une vérité gênante; bornée enfin dans tous , lorſqu'elle eſt de bonne foi , elle convient de ſes mépriſes , parce qu'elle n'eſt occupée qu'à les corriger. Ici , ennemie du travail , ou malheureuſe dans ſes efforts , elle fait une néceſſité du *ſcepticiſme* le plus outré , & ne regarde pas même comme une vérité le doute humiliant qu'elle embraſſe. Là , avide de gloire , elle crée laborieuſement des ſyſtêmes nouveaux , qu'elle a le chagrin de voir culbuter par des ſyſtêmes plus nouveaux encore , & qu'elle taxe par une juſte repréſaille d'erreur & de folie. Par-tout , & toûjours elle éleve pour détruire , elle détruit pour élever ; ce qui paſſe dans un ſiecle pour une vérité conſtante , eſt rejetté dans le ſuivant comme un paradoxe inſoutenable , pour recevoir encore dans la ſuite , le titre & les honneurs de la vérité. En un mot , la raiſon , par-tout la même dans ſes prétentions , eſt auſſi par-tout la même dans ſes contradictions & dans ſes inconſéquences. Celui , qui nous invite à n'écouter que cette voix , ou ſe fait un plaiſir malin de nous plonger dans l'erreur ou dans l'incertitude , ou eſt dupe lui-même de la raiſon qu'il préconiſe.

Les hommes ont tous les mêmes fens, & ils ne varient point fur la différence des couleurs, des fons, des odeurs, des goûts & des furfaces ; j'en conclus que chaque organe fuffit à fon objet.

Ils ont tous le même inftinct, & ils ne fe trompent ni fur leurs befoins phyfiques, ni fur les moyens de les fatisfaire ; j'en conclus encore, que cet inftinct fuffit aux moyens & aux befoins.

Ils ont tous la même raifon ; mais plus ou moins développée dans chaque individu, plus ou moins éclairée, ou plus ou moins aveugle, plus ou moins propre aux réflexions & aux recherches : cette raifon a le même objet ; cet objet eft immuable, & il eft pour tous les êtres raifonnables de la même importance. C'en feroit affez pour démontrer l'infuffifance de la raifon en général, puifqu'elle n'a pas dans tous les hommes la même force, la même énergie, la même activité, & que fon objet ne change ni de proportion ni de rapport.

Mais fût - elle exactement la même dans tous les êtres qui en font doués, fa lumiere fût - elle dans tous également vive, également pénétrante, elle se trompe sur une infinité de choses qui ressortent de son tribunal, puisqu'elle juge contradictoirement de ces choses; je conclus donc, ou que ces choses sont au-dessus de sa portée, (auquel cas elle a le plus grand tort du monde de s'en mêler), ou qu'elle ne les voit pas telles qu'elles sont, ou qu'enfin son témoignage est fort suspect.

Il n'est point de milieu, ou les vérités métaphysiques & morales sont du ressort de la raison, ou elles sont hors de sa sphere; si elles sont du ressort de la raison, pourquoi cette multiplicité de systêmes? Pourquoi cette diversité de sentimens, sur les mêmes objets? Pourquoi cette disparité entre la raison & les sens? N'est-elle pas à son objet ce que les sens sont aux leurs? S'il y a le même rapport, ne doit-il pas y avoir la même proportion, & si la proportion est la même, ne doit-il pas y avoir aussi la même uniformité de relation & de témoignage? Ce défaut d'uniformité n'est-il pas la preuve la plus sensible de l'insuffisance du témoin? Qu'on rapporte ici ce que j'ai déjà dit des *sens*, & l'argument se fera sentir dans toute sa force.

Si ces mêmes vérités sont hors de la sphere de la raison, est-ce à la raison à prononcer d'un ton décisif ? Le défaut de proportion n'entraîne-t-il pas le défaut de compétence ? & le défaut de compétence ne rend-il pas le jugement nul, jusqu'à ce qu'il soit ou confirmé ou réformé ? Et dans ce cas quel sera le réformateur ou l'arbitre ?

On croira trancher peut - être, la difficulté, en disant qu'il n'est ni vérités métaphysiques, ni vérités morales. Le systême seroit commode sans doute, je ne trouverois plus rien de gênant, je pourrois, sans crainte, comme sans remords, me livrer à tout ce qui flatteroit mes sens & mon amour-propre, je ne consulterois que mon intérêt personnel, & je ne reconnoîtrois pour vice & pour vertu, que ce qui pourroit le troubler ou le satisfaire. Je le répete, le systême seroit commode. Mais si c'est-là le systême de la raison, d'où vient que tous les raisonneurs ne s'accordent pas pour me le proposer ? D'où vient qu'on m'accable tous les jours d'une foule de raisonnemens, qui par leur opposition & la contrariété des conséquences qui en résultent, me jettent dans la plus grande incertitude fur le parti que je dois embraffer ? Des fyftêmes contradictoires pourroient-ils être également vrais ? Y auroit-il tout-à-la-fois, & n'y auroit-il point dans la nature d'autres vérités que les vérités mathématiques ? Y auroit-il tout-à-la-fois & n'y auroit-il point de diffé-rence entre l'homme & la brute ? L'homme feroit-il en même tems fou-mis & non-foumis à une loi qui le di[]rige ? Ses actions feroient-elles indif-tinctement indifférentes, & détermi-nées dans leur malice ou dans leur bonté ? Y auroit-il pour lui, & n'y auroit-il point d'avenir ? En un mot, l'Être & le non-être feroient-ils com-patibles ? J'avoue de bonne-foi que j'aurois bien de la peine à faifir ce myftere : j'aime mieux croire que quelqu'un fe trompe. Je ne fais de quel côté fe trouve l'erreur, mais elle eft néceffairement d'un côté : je peferai, fi l'on veut, les autorités, je calculerai les témoignages, mais je n'en ferai pas plus avancé, & tout ce que je puis faire pour ne heurter perfonne, c'eft de refter dans le doute.

Ce doute eft cruel cependant; il eft trifte, il eft dépitant de balancer fans cesse, entre la dure nécessité de faire des sacrifices inutiles à ce qu'on appelle *vertu*, ou d'éprouver les infructueux remords de ce qu'on appelle *vice*. Une erreur, quelque grossiere qu'elle fût, qui, sous l'apparence de la vérité, fixeroit mon incertitude, seroit, à mon avis, mille fois préférable. Ma bonne foi d'ailleurs la rendroit excusable ; & peu jaloux des suffrages de ceux qui ne penseroient pas comme moi, je trouverois dans le témoignage de ma conscience de quoi me consoler de cette perte ; je serois content, parce que je serois d'accord avec moi-même.

Dira-t-on qu'il importe peu d'être éclairé sur ces objets, & de juger sainement de leurs rapports ?

Je ne sais si ma raison se trompe ; mais, ou je m'ignore entiérement moi-même, ou je sens que l'existence ou la non-existence de ces objets doit nécessairement influer sur mes mœurs : & que mon ignorance ou mon incertitude à cet égard, trouble mon repos. Je sens que si je pouvois me convaincre que tout finit avec moi, je ne serois pas assez dupe pour m'asservir constamment à l'empire ridicule des préjugés; je fens, au contraire que, fi j'ai quelque chofe à efpérer ou à craindre dans l'avenir, il eft pour moi du plus grand intérêt de régler mes actions fur mes craintes & mes efpérances. Je fens, & je crois que tout homme le fentira comme moi, je fens qu'il eft fort naturel & fort important d'affortir fa conduite à fa façon de penfer; & qu'on n'eft injufte que lorfqu'on n'agit pas conformément à ce qu'on penfe, ou qu'on agit mal, parce qu'on penfe mal, tandis qu'on pourroit réformer fes jugemens & fes idées.

Les loix pénales de la fociété préviendront les conféquences qu'on pourroit tirer de certains fyftêmes, & l'abus qui en réfulteroit pour la fociété elle-même.

Je pourrois en conclure que ces fyftêmes font faux, puifqu'ils font dangereux; les conféquences d'une vérité, & d'une vérité fondée fur l'effence des êtres, ne fauroient être funeftes à ces mêmes êtres, à moins qu'on ne convînt qu'il eft dangereux pour les êtres, d'être tels; ce feroit infulter bien groffiérement la nature, & les productions de la nature. Mais paſſons là-deſſus, les auteurs de ces conſolans ſyſtêmes trouveront ſans doute un jour le moyen de concilier cette contradiction ; elle n'eſt peut-être qu'apparente, car il faut ſe méfier de la raiſon qui la croit réelle. Si, cependant, nous n'avions pas d'autres vérités à découvrir, que la fauſſeté de ces ſavans ſyſtêmes, je crois, qu'on pourroit, ſans balancer, accorder à la raiſon une pleine ſuffiſance. Venons au fait.

Je ne demande qu'une ſeule choſe; ces loix pénales de la ſociété, conſéquemment aux ſyſtêmes dont elles préviennent les conſéquences, ſont-elles juſtes ? Quand on aura répondu à cette queſtion, & qu'on m'aura montré le fondement de leur juſtice, & leur véritable point d'appui, je pourrai en faire d'autres; qu'on prenne garde cependant aux conſéquences. J'avertis, au reſte, que je ne me paierois pas des raiſons qu'on puiſeroit dans la politique & dans la convention : ni l'une ni l'autre ne ſauroient rendre une action criminelle, tandis qu'elle eſt innocente, du moins par la néceſſité qui la cauſe; ni l'une ni l'autre n'ont le droit de reſtreindre ma volonté; la prefcription d'ufage, la poffeffion ne peuvent autorifer cette violence ; s'il eft un droit imprefcriptible, c'eft celui de la nature, & la nature me juftifie en tout, puifqu'elle me force à tout.

Un peuple imbu & convaincu de cette intéreffante maxime, & qui fe verroit efclave fous des loix purement arbitraires & qui le puniroient de ne pouvoir pas être coupable, parce qu'elles le puniroient de ne pouvoir pas être libre ; ce peuple, de quel œil verroit-il les loix & les légiflateurs ? Si ce peuple opprimé par les loix, ne les opprimoit pas à fon tour, fon inaction & fa docilité feroient la plus forte preuve du fatalifme.

Il eft donc important d'être éclairé. Il eft donc important de voir diffiper les ombres épaiffes qui nous environnent & qui nous dérobent la connoiffance de ce qu'il nous intéreffe le plus de favoir ; je ne dois pas attendre ce bienfait de mes femblables, ils ne me parleroient que le langage de la raifon & du préjugé, & ce langage eft plus qu'infuffifant, puifqu'il eft contradictoire. Ils ne font pas d'ailleurs les arbitres de mon fort : il n'eft que celui qui le tient entre ses mains qui puisse m'en dévoiler le mystere.

§. XVII.

IL est donc convenable que l'arbitre des hommes m'instruise : or, lui seroit-il impossible de le faire ? Manqueroit-il de moyens pour le faire ? ou ne pourroit-il en prendre qui fussent réguliérement à la portée de la raison ? Le *déiste* qui rejetteroit cette double possibilité, n'auroit, selon moi, d'autre refuge que *l'athéisme*, parce qu'enfin un Être infini ne connoît d'autres bornes, dans sa puissance, que celles que lui prescrit sa sagesse, & malgré tous les efforts du sophisme, je ne concevrai jamais que la révélation de mon sort à venir, soit un fait que la sagesse d'un Dieu désavoue. Je conclurai donc, ou qu'il n'est point de *Dieu*, ou que cette révélation est possible.

Si je parcours ensuite l'histoire des égaremens & des désordres du genre humain, je vois que les hommes s'étoient généralement écartés de la route du bonheur, puisqu'ils s'étoient écar-

tés de celle de la vertu. Je vois, que
trop aveugles ou trop foibles, ils ont
fait dans tous les tems de vains efforts
pour y rentrer. La raison me paroît
par conféquent, impuiffante dans les
moyens qu'elle fournit à l'homme pour
être heureux. Je recherche en vain la
caufe de cette impuiffance, la raifon
ne m'en découvre aucune. Je vois
cependant l'homme malheureux, je le
vois criminel ; je connois un *Dieu*
jufte & fage ; je ne puis concilier ni
les malheurs de l'homme avec la fageffe d'un *Dieu*, ni fes crimes avec
fa juftice : mes defirs s'aigriffent, je
veux pénétrer ce grand myftere,
& la révélation qui ne me pa-
roiffoit que convenable & poffible,
me paroît maintenant néceffaire. Je
conclus, fans balancer, à fon exiftence,
parce qu'un *Dieu* fage ne doit rien
omettre qui foit néceffaire, comme
il ne doit rien faire de fuperflu.

§. XVIII.

IL réfulte de tout ce que j'ai dit ;
1º. que la révélation eft néceffaire à
l'homme.

2º. Qu'elle doit l'éclairer fur fon

état futur, sur sa fin, sur la nature
des moyens propres à l'y conduire.
En ajoutant qu'elle doit rendre ces
moyens praticables, j'embrasse tout
l'objet de la révélation.

3°. Que quelque bornée que soit la
raison, quelqu'insuffisante que soit sa
lumiere, la révélation ne doit pas se
trouver en contradiction avec elle,
parce qu'elles sont l'une & l'autre la
voix du même *Dieu*. Tout ce qui répugne à la raison, tout ce qui se croise
avec elle, ne sauroit jamais être une
vérité. On observera cependant que
cette répugnance, cette contradiction
doivent être réelles, & qu'il ne suffit
pas, pour rejetter une révélation, que
les objets qu'elle propose soient impénétrables, c'est alors le cas d'examiner,
& non de condamner. On doit sentir
qu'une vérité révélée peut être hors
de la portée de la raison. On n'auroit
pas besoin d'une révélation pour la connoître, si la raison pouvoit la découvrir & la pénétrer. La sublimité de
l'objet, sa disproportion avec nos lumieres ne sont donc pas des preuves
d'erreur; il est de la raison d'apprécier
les motifs extrinseques de crédibilité qui
le constatent; c'est uniquement à cet

examen

examen qu'elle doit s'attacher ; vouloir aller plus loin, c'est vouloir l'impossible & délirer dans ses prétentions. Cette vérité méconnue, ou malignement ignorée, est la source de ces déclamations indécentes qui piquent par le sel qui les accompagne, mais dont on rougit, parce que c'est toujours la mauvaise foi qui les dicte.

Toute révélation, dont les objets seront ouvertement & démonstrativement contraires à la raison, sera donc une révélation factice, & sera l'ouvrage des passions & de l'erreur. Ce principe, aussi raisonnable que solide, est, selon moi, la vraie pierre de touche de toute religion qui se dit révélée.

4°. Que je suis moralement certain qu'il existe une révélation, puisque ma raison est insuffisante pour fixer invariablement mon incertitude sur des points dont il est important que je sois pleinement convaincu.

§. XIX.

D'APRÈS ces remarques, j'ouvre les annales des différens peuples : je les vois tous attachés au sentiment & au culte d'une divinité, mais par-

C

tagés d'opinions & de méthodes ; ces opinions & ces méthodes ne font point celles de la raifon. J'interroge ces peuples, ils fe flattent tous d'une révélation particuliere. J'analyfe leurs dogmes, leur croyance, leur culte, leurs cérémonies, leur morale, & je ne découvre par-tout que des erreurs & des vices que ma raifon condamne, & dont je rougirois d'être efclave. Je retranche un détail humiliant pour la raifon, & qui n'eft point fait pour embellir l'hiftoire du genre-humain. Configné d'ailleurs dans les annales du monde, il dépofe conftamment contre cette même raifon qu'on éleve tant aujourd'hui, & qu'on eft cependant obligé d'avilir fi fouvent pour lui donner quelque crédit.

Je ne m'attache qu'aux quatre religions principales qui partagent la terre, & auxquelles toutes les autres tiennent comme des branches au tronc.

Le païen ne me paroît d'abord qu'un infenfé qui fonde fes efpérances fur des chimeres, & qui fait dépendre fon bonheur des êtres plus méprifables que lui. Je doute que l'homme le plus tolérant s'avisât de juftifier les ridicules objets de fon culte, & de préconiser la folie de ses superstitions. Le mahométan n'est à mes yeux qu'un voluptueux raffiné, qui prétend éterniser ses vices. Les pompeuses inepties dont son prophete a étayé ses dogmes extravagans, ne sont propres qu'à exciter l'indignation & la pitié d'un homme qui pense. On y découvre l'ambitieuse politique du législateur & du tyran, & l'ignorance, la bassesse, la stupidité de ses esclaves. Je préfere donc ma raison à une révélation qui m'aviliroit plus qu'elle, & je cesse de chercher la vérité chez des peuples qui ne connoissent pas même la voix de la nature.

§. XX.

Je poursuis mon examen ; dans un coin de la terre, je trouve un peuple qui adore l'Éternel, & qui se glorifie d'une prédilection marquée de la part de cet Être suprême. Sa morale est la même que celle de la nature ; ses dogmes sont mystérieux, mais ils sont purs ; son culte me paroît chargé, mais il est noble ; son code, attribué à *Dieu* même, me paroît l'ouvrage d'une politique dure & sévere, mais il est parfaitement assorti au caractere de la nation. Je ne démêle point dans ses dogmes ce qui fait l'objet principal de mes recherches ; promesses & menaces, récompenses & châtimens, tout me paroît se borner au tems. *Quoique ce peuple ait eu la connoissance d'une autre vie,* cette autre vie n'étoit point clairement exprimée dans sa loi ; il ne pouvoit en faire l'objet de ses espérances qu'en la regardant comme une conséquence de ses autres dogmes. Cette obscurité sur un sujet si important, me tient en garde contre une méprise : je n'en serai que plus sévere dans mon examen.

Je suis ce peuple dans toutes les révolutions qu'il essuie, & par-tout je le vois, ou favorisé par des événemens extraordinaires, ou puni avec une rigueur qui m'étonne. A chaque pas que je fais dans les pays qu'il habite, ou comme esclave, ou comme libre, j'apperçois des monumens qui s'accordent avec l'histoire des faits ou tragiques, ou merveilleux qu'il me raconte. L'historien de ce peuple remonte jusqu'au premier âge ; il m'éclaire sur mon origine ; il débrouille à mes yeux le cahos des tems & le mystere de mon existence ; il renverse, d'un seul mot,

cette foule de systêmes dont l'incohé-
rence & l'incompréhensibilité, loin de
satisfaire, révoltoient au contraire &
confondoient ma raison. Cet historien
aussi naïf que sublime, aussi simple
qu'impartial, ne me laisse pas plus
ignorer les vices que les vertus de son
peuple, les châtimens que les récompenses du *Dieu* qui le protege. Sa nar-
ration porte par-tout les caracteres de
la vérité; il me nomme tous les peuples
que son peuple a vaincus, ou qui ont
vaincu son peuple; il me montre dans
l'éclat de ses richesses les nombreuses
dépouilles de ses ennemis, & ne craint
pas de m'avouer que quelques-uns de
ses ennemis se font enrichis à leur tour
de ses propres dépouilles. Je compare
les faits avec les monumens; je trouve
entre eux la plus exacte liaison & les
rapports les plus intimes; je consulté
les annales des peuples avec lesquels
ce peuple dit avoir été en relation de
paix ou de guerre, d'alliance ou de
haine, de servitude ou de domination,
& je découvre, consignés dans ces
annales, les mêmes faits que l'historien
Juif me transmet; je suis forcé de conclure en faveur de la vérité de son
histoire.

C 3

J'analyse ensuite la plupart de ces faits qui, par le merveilleux qu'ils préfentent, ont droit de me furprendre ; je vois que ces faits n'ont pu avoir lieu qu'autant que les loix de la nature, qui me font connues, ont été ou fufpendües, ou changées. Ces faits font vrais cependant, ils fe trouvent fi étroitement liés à des faits purement naturels, indubitables, qu'il m'eft impoffible de recevoir ou de rejetter lès uns fans les autres.

Le paffage de la mer Rouge, par exemple, tient à la pourfuite des Égyptiens, la pourfuite des Égyptiens à la fuite des Ifraélites chargés des plus précieufes dépouilles de l'Égypte : cette fuite tient aux plaies dont l'Égypte fut affligée ; ces plaies tiennent aux prodiges de Moïfe, & à fa fupériorité fur les mages de Pharaon ; les prodiges tiennent à la fervitude du peuple d'Ifraël, & cette fervitude eft comme la bafe de l'empire des Juifs. Je prie ceux qui voudroient contefter qu'il y eut entre ces faits une dépendance fuffifante, je les prie, dis-je, de me rendre raifon de la fuite des Ifraélites, de la pourfuite des Égyptiens, & de la maniere dont les premiers leur échapperent. On me dira peut-être , comme l'a dit un auteur , que je ne nomme point parce qu'il n'aime pas qu'on le nomme , à moins que ce ne soit pour l'applaudir , que Moïse étoit un *forcier*. La réponse est tranchante, comme on sent très-bien , on auroit tort d'en chercher une autre ; il est vrai qu'on ne croit plus de nos jours ni aux *forciers* , ni aux *fortileges* , mais on y croyoit alors , & par respect pour l'antiquité , on n'auroit garde de trouver mauvais qu'on se fût trompé en y croyant. Les *forciers* étoient dans ce tems-là des êtres très-communs & très-recommandables ; aujourd'hui ce ne sont plus que des êtres chimériques. Et voilà comme les choses changent. Tout dépend du tems & des circonstances , & peut-être un peu du but & de la fin que nos très-honnêtes critiques se proposent. L'auteur du Systême de la Nature ne manqueroit pas de dire , par exemple , que la nature a perdu l'habitude de faire de semblables *jets* , & qu'elle ne *pippe* plus les hommes de cette maniere. Il faut pour faire un forcier une *organisation* bien différente de celle du commun des hommes. Quoi qu'il en soit , *Moïse forcier* , ou le *for-*

cier Moïse, étoit le plus habile *forcier de fon tems* ; il escamota probablement les eaux de la mer Rouge, & ce n'eft pas un petit mérite.

Mais cela ne détruit pas la liaifon des faits, & on la trouve cette liaifon dans toutes les parties de l'hiftoire de ce peuple ; de façon qu'il n'eft point de fait, foit naturel, foit furnaturel, qui ne trouve fa raifon, fon motif dans le fait qui le précede. Les faits merveilleux font donc enchàînés aux faits naturels ; la vérité des uns dépend de la vérité des autres ; il faut donc tout nier ou tout admettre : les faits naturels font inconteftables cependant ; je ne puis donc nier les faits furnaturels ; & comme ils paroiffent déroger aux loix de la nature, je ne puis les attribuer qu'au maître de la nature. Le maître de la nature étoit donc le protecteur de ce peuple : il en étoit le conducteur & le guide ; il avoit donc fait avec ce peuple une efpece d'alliance ; il lui avoit prefcrit des loix, & c'eft fur l'obfervance ou la tranfgreffion de ces loix que portoient fes promeffes & fes menaces. *Dieu* avoit donc parlé à ce peuple ; & ce n'eft pas en vain qu'il fe flatte d'une révélation particuliere. S'il est un *Dieu*, & si ce *Dieu* doit être adoré, sans doute, c'est ce peuple qui l'adore. Placé entre le juif & le païen, à qui dois-je me livrer ? Que l'Incrédule décide lui-même.

§. XXI.

Ce peuple éprouve cependant les plus grandes révolutions ; infidele à son *Dieu*, il expie ses infidélités dans les plus dures servitudes : mais son repentir est toujours suivi d'une glorieuse délivrance. Ce qui me frappe le plus, c'est que ces événemens sont toujours à la suite de quelque prédiction qui en fixe l'époque & les moindres circonstances. Ces événemens attestés comme prédits par toute une nation, sont encore pour la plupart, relatifs à l'histoire des quatre grands empires qui se partageoient alors celui de la terre, & consignés dans leurs fastes. Que de témoins ! que de preuves de vérité ! Tout concourt à déterminer ma préférence, tout m'invite à m'attacher à ce peuple, & à le regarder comme le peuple choisi du *Dieu* que la nature me prêche.

Je tremble néanmoins de me livrer;

je crains d'être la dupe d'une imprudente crédulité, & de prendre les caprices de l'homme pour les ordres du *Dieu* de l'homme.

Je récapitule en effet les loix du peuple Juif, je les discute, je les compare avec celles de la raison ; & si je trouve, entre quelques-unes, cette conformité qui me rassure, il en est d'autres qui m'offrent une espece de dissonance qui m'effraie : Je crois voir dans les unes de la puérilité ; de l'inutilité dans les autres ; celles-ci me paroissent émaner d'un tyran plus jaloux que sage, plus sévere que juste ; celles-là semblent se ressentir de la superstition des peuples dont j'ai méprisé la prétendue révélation. J'avois prononcé en faveur de la divinité de ces loix, je suis presque sur le point de me rétracter, & de les regarder pour la plupart comme indignes du *Dieu* dont la bienfaisance & la sagesse sont empreintes dans les œuvres de sa puissance. Dans cette perplexité, j'ai recours aux faits, je suis surpris de les trouver en connexion avec des loix que je suspecte. Je consulte les oracles ; cette histoire anticipée des faits me montre encore plus clairement le rapport, la liaison des faits avec les loix. Ces faits prédits ou vérifiés sont, ou des récompenses, ou des peines, temporelles, à la vérité, mais très-souvent surnaturelles dans leur mode, & toujours dépendantes de l'obfervance ou de la transgreffion de ces mêmes loix. Je fais que l'homme ne fauroit, par lui-même, pénétrer dans l'abyme de l'avenir ; je fais que fa puiffance ne s'étend pas jusqu'à maîtrifer la nature. Je ne puis donc attribuer qu'à Dieu les prodiges & les oracles qui précedent, ou qui accompagnent l'obfervance ou la transgreffion de ces loix ; & ces loix me paroiffent défectueufes, peu dignes par conféquent d'un légiflateur *indéfectible !* Ce feul point m'arrête, & je cherche, avant de me décider, à débrouiller, s'il eft poffible, une contradiction qui me choque.

§. XXII.

MES efforts ne font ni longs ni infructueux : en parcourant les écrits pleins de force de ces hommes infpirés que le Juif me préfente avec une refpectueufe frayeur, je trouve des oracles que l'événement n'a point encore justifiés. Les uns lui prédisent que le sceptre sortira de Juda, & qu'à cette époque le desiré des nations viendra pour réunir tous les peuples. D'autres, plus rapprochés, lui promettent que cette longue & cruelle servitude dans laquelle il gémissoit au milieu de Babylone, finiroit après un tems que le prophete détermine lui-même ; qu'en conséquence de cet heureux événement, le temple & la ville de Jérusalem seroient rétablis, & qu'enfin, après un intervalle considérable encore fixé par l'oracle, le *Christ* ou ce Libérateur par excellence, si souvent préconisé, paroîtroit, seroit méconnu, & mis à mort par son peuple. Ceux-ci le préparent à la ruine entiere & perpétuelle de ce même temple & de cette même ville, à l'abrogation de ses loix, de son culte, de ses cérémonies, & à une captivité pleine d'humiliation & d'infamie. Ceux-là, lui prophétisent des biens dont il n'avoit aucune idée, & sur la nature desquels il lui est aisé de se méprendre ; une gloire supérieure dont il avoit brillé jusqu'alors, une puissance indépendante, &c. & le tout, par la vertu d'un chef mille & mille fois promis. D'autres enfin, lui annoncent un Légiflateur nouveau dont la loi plus parfaite renfermera de plus grandes & de meilleures promeffes, & qui abolira cette loi de terreur, cette politique dure, ces facrifices auffi infructueux dans leur vertu, qu'onéreux par leur nombre & par la néceffité de les réitérer; ces cérémonies enfin, ce rit, ce culte, plus propres à en impofer aux fens par leur pompe, qu'à honorer l'Être fuprême par leur pureté: qui détruira, en un mot, tout ce qui fent l'efclavage & la groffiéreté de la chair pour y fubftituer tout ce qui tient à la liberté & à l'élévation de l'efprit.

Ces oracles, & plufieurs autres de cette nature, commencent à m'ouvrir les yeux fur la fin & le caractere d'une loi qui me paroît défectueufe en certains points. Je vois qu'elle n'eft que l'ombre & la figure d'une loi plus parfaite qui doit épurer mes lumieres & mes mœurs. Ma furprife fur les défauts de cette premiere loi, fait place ici à une furprife plus grande encore; je fuis étonné qu'un *Dieu bon*, qu'un *Dieu fage*, ait befoin de corriger fon propre ouvrage. Mais il ne m'appartient pas de vouloir pénétrer dans fes deffeins;

je ne me permets pas même des conjectures, & j'attends dans un respec-
tueux silence que les oracles s'accomplissent : dans ce cas je dois croire sans
balancer.

§. XXIII.

Déjà la plénitude des tems est arrivée, tous ces oracles se développent,
Jérusalem brille d'une gloire nouvelle,
le temple est ouvert, les sacrifices re-
commencent, la nation reprend son
ancien lustre. Bientôt, sans perdre entiérement sa liberté, elle perd une
partie de sa puissance ; les Romains
la rendent tributaire & dépendante
dans l'exercice même de ses propres
loix. Bientôt tous les signes qui devoient précéder la venue du grand
prophete, du Législateur nouveau, du
Sauveur d'Israël, du *Messie*, en un
mot, promis & figuré depuis l'origine
du monde, commencent à paroître.
Déjà le sceptre est sorti de Juda, une
paix générale succede aux troubles qui
agitoient la terre ; la profanation s'introduit dans le sanctuaire, les mœurs
d'Israël se corrompent. Un bruit sourd
se répand que le *Messie* doit bientôt
paroître ; des imposteurs s'en arrogent

de titre, on les respecte : ils se démentent, on les abandonne. Toute la Judée est en attente : *Jésus - Christ* paroît avec ce titre consolant ; il vérifie les oracles, il réalise les figures dans son berceau même : après trente ans d'une vie obscure & paisible, il commence son ministere, il se forme un petit nombre de disciples, il parcourt la Judée, & laisse par-tout des traces de ses bienfaits, de sa sagesse & de sa puissance ; il étonne les peuples, autant par la sublimité de sa morale, la pureté de sa doctrine, la noble simplicité de ses discours, la profondeur de ses maximes & de ses paraboles, que par l'éclat & le nombre de ses prodiges ; il communique sa vertu à ses disciples, & la nature soumise obéit à leur voix. Le Juif frappé lui prodigue les titres les plus pompeux, il est reçu en triomphe dans Jérusalem : mais bientôt après, on le faisit, on le juge, on le condamne, & il termine une vie pleine d'innocence & de gloire par le supplice des scélérats & des esclaves. Il avoit prédit qu'il ressusciteroit, & ses disciples annoncent qu'il est réellement ressuscité ; ils prêchent en conséquence &

par son ordre, sa morale, sa doctrine & sa divinité à toutes les nations; & ils justifient leur mission, leurs dogmes, leurs préceptes par les plus éclatantes & les plus étonnantes merveilles. On les menace, & ils ne sont point intimidés; on les flatte par des promesses, & ils ne sont point séduits; on les tourmente par les plus cruels supplices, & ils ne sont point découragés. Le nombre de Chrétiens augmente par la persécution; le sang & les prodiges sont les semences de la foi, & tandis que la synagogue subit par gradation toutes les parties de l'anathême auquel elle a été vouée par ses prophetes & par le *Christ*, l'univers se soumet, l'univers est chrétien.

§. XXIV.

A v a n t d'entrer dans la discussion de tous ces faits, je prends en main le testament ou la loi de mon nouveau Législateur; je sépare la morale du culte, & le culte du dogme. La morale me frappe par sa beauté; elle éleve, elle agrandit mon ame; je répéterois volontiers, après un de nos prétendus philosophes, que *l'auteur en est plus grand que le héros*: je la rapproche de celle de la nature, & je la trouve plus épurée dans ses motifs, plus développée dans ses préceptes, moins incertaine & moins flottante dans ses décisions, plus solide dans ses promesses, plus propre à me retenir par ses menaces. Je la compare à celle de *Moïse* : le Législateur juif perd dans cette comparaison une partie de sa grandeur. Je consulte mes intérêts & mon amour-propre, ils se réunissent pour me dire que je puis desirer, sans crainte, que mes semblables soient Chrétiens : je conclus que cette morale est le plus ferme appui du bonheur des sociétés, & qu'il faut être Chrétien pour être véritablement honnête homme.

Le culte ne me paroît que très-raisonnable, soit en lui-même, soit que je le compare aux anciennes superstitions des peuples ; & dans la nécessité d'honorer l'Être suprême par un culte extérieur, je le préfere à tout autre, parce que je le crois plus propre à lui rendre l'hommage qui lui est dû, en ce qu'il doit être toûjours accompagné du culte intérieur que ma raison m'ordonne de lui rendre. Je ne risque donc rien d'être Chrétien pour la morale & pour le culte. Je dis plus, je dois l'être, ma raison m'en impose la loi.

Je passe enfin aux dogmes. Au premier coup-d'œil, ils révoltent presque ma raison ; j'en suspecte la vérité. Celui qui me rassure sur l'indestructibilité de mon être me flatte cependant, ma raison ne desire rien tant que d'y souscrire, elle n'envisage le néant qu'avec horreur : mais je ne puis sur ce point m'en rapporter au Législateur qui m'éclaire sans être assuré de la divinité de sa mission, & je ne puis être assuré de la divinité de sa mission sans embrasser comme vrai tout son systême de doctrine. Ce seroit, en effet, le comble de l'extravagance de se refuser au témoignage d'un *Dieu*, ou d'un homme qui me parle de la part d'un *Dieu*. Cette divinité dépend par rapport à moi de la vérité des faits que j'ai détaillés. C'est donc à ces faits que j'ai recours pour décider de ma foi.

§. XXV.

AI-JE besoin de faire usage des loix d'une critique sévere ? Suis-je obligé de calculer le nombre & la probité des témoins ? d'apprécier la

valeur des témoignages? Dois-je me
condamner à l'ennui d'un examen mi-
nutieux? Est-il néceffaire que j'interroge tous les fiecles, & que je fouille
dans les archives du Juif & du Païen
pour m'affurer que ces faits ne font ni
tronqués ni fuppofés? Non, mes yeux
& ma raifon me fuffifent, je puis juger par moi-même, & le raifonnement
le plus fimple porte la conviction dans
mon efprit & la fécurité dans mon
cœur.

Je ne puis douter de l'exiftence actuelle du chriftianifme : je ne puis douter de la décadence du judaïfme, &
de l'humiliation, de la honte des reftes
épars d'une nation autrefois glorieufe-
ment diftinguée. Mes fens font ici les
garans de la vérité. D'après la conviction intime de ces deux faits, je rai-
fonne & je vais de certitude en certitude.

§. XXVI.

La Religion chrétienne a un auteur,
me dis-je à moi-même ; & comme il
eft entre cette religion & fon auteur
un rapport effentiel d'exiftence, il eft
auffi entre elle, & lui un rapport effentiel de menfonge ou de vérité. Je ne

saurois approfondir les dogmes de cette Religion ; je n'ai pas été témoin des faits dont l'auteur de cette Religion en étayoit les dogmes ; mais je sens très-bien que la vérité des dogmes dépend de la véracité de leur auteur, & que la véracité de leur auteur repose uniquement sur la nature & la vérité des faits dont il s'est servi pour faire embrasser les dogmes. La connexion, la dépendance me paroissent essentielles ; & je vois que je puis conclure, sans crainte, de la vérité des faits à la vérité des dogmes.

Ce principe incontestable une fois posé, j'en établis un autre non moins certain : c'est que l'auteur du christianisme a enseigné des dogmes, qu'il a eu des disciples, que ces disciples ont enseigné d'après lui, & se sont formés à leur tour des disciples ; & ainsi de siecle en siecle ; de maniere que je trouve la raison de la foi d'un siecle, dans la foi d'un siecle précédent, & les motifs de la foi de celui-ci, dans les motifs de la foi de celui qui le précede.

A la suite de ce second principe, j'en pose un troisieme que je regarde encore comme indubitable. C'est que les peuples ont été originairement, ou forcés, ou séduits, ou entraînés par la force de la vérité : c'eſt par l'un de ces trois moyens que la Religion chrétienne s'eſt établie ; c'eſt l'un de ces trois moyens par conſéquent qui a influé & qui influe encore ſur ſa perpétuité.

Mon examen ſe réduit donc à découvrir ſi la violence ou la ſéduction a été miſe en œuvre pour aſſurer la propagation de la foi. Pour cela je n'aurai point recours à l'hiſtoire de l'évangile ; ce témoin pourroit paroître ſuſpect, ma raiſon ſera mon guide.

§. XXVII.

Je conçois ſans effort que la violence & la ſéduction, ſoit qu'on les emploie l'une & l'autre, ſoit qu'on s'en ſerve ſéparément, peuvent produire ſur l'eſprit des hommes, groſſiers ſur-tout, les mêmes effets que la vérité elle-même. C'eſt par l'une & par l'autre que le *mahométiſme* a fait de ſi rapides progrès. C'eſt par la ſéduction ſeule, fondée, d'un côté, ſur l'ignorance, & de l'autre ſur la fraude, l'illuſion & le preſtige, que le *paganiſme* s'est introduit, s'est soutenu, s'est amplifié. Mais je conçois aussi que la vérité ne sauroit s'allier avec la séduction & la violence; & que si ses progrès sont plus lents, son triomphe est plus noble, son empire plus constant & plus solide. Ce n'est ni par l'oppression, ni par l'imposture que *Dieu* manifeste aux hommes ses volontés & ses desseins. Cette réflexion, bien naturelle sans doute, me conduit à une conséquence qui ne l'est pas moins: c'est que si on n'a pas employé ni la séduction, ni la violence pour établir & pour accréditer la Religion chrétienne, je ne puis douter ni de la vérité des faits, ni de la vérité des dogmes, ni de la véracité des auteurs des dogmes & des faits.

§. XXVIII.

PERSONNE ne s'est encore avisé de me donner l'auteur du *christianisme* pour un législateur tyrannique qui ait ravagé la terre par ses fureurs, & subjugué les esprits en déchirant les corps. On ne me donne pas non plus ses premiers disciples pour des persécuteurs & des bourreaux. Je sais, & on en

convient, qu'ils ont versé leur propre
sang pour la foi : mais je ne lis nulle
part qu'ils en aient fait verser pour faire
embrasser la foi. Ce n'est donc pas par
le fer & par le feu que la Religion
chrétienne s'est établie ; la violence n'a
donc point eu de part à ses premiers
progrès. Ce n'est donc pas là le motif
de la foi des premiers siecles ; ce n'est
donc pas non plus le motif de la foi
des siecles suivans. Nous ne pouvons
donc pas dire que nous sommes chrétiens, parce que nos peres ont été
persécutés pour en prendre le titre.
Nous pourrions dire au contraire que
ce titre que nous respectons si peu &
que nous cherchons à justifier, est le
prix de leur sang. Ce sang ne seroit-il
pas une preuve de la vérité, ou, tout
au moins de la conviction de ceux
qui l'ont répandu ? Et de quel poids
une conviction si sensiblement exprimée n'est-elle pas pour un esprit
juste ?

On pourroit m'objecter ici les fureurs du fanatisme & les horreurs des
guerres de religion. Mais j'espere qu'avec
un soupçon de bonne-foi, on ne confondra pas si grossiérement les abus des
loix avec les loix mêmes, & qu'on

n'attribuera pas à la Religion des cruautés qu'elle condamne , & dont elle rougit. Malheur à ceux qui font fervir une religion qui ne refpire & ne prêche que la paix, la douceur , la charité, la bienfaifance , & toutes les vertus fociales ; qui la font, dis-je , fervir de voile & de prétexte aux paffions fanguinaires qui les animent. Mais les loix les plus facrées font fouvent violées par ceux même qui font chargées de leur dépôt.

XXIX.

LA féduction a pour motif & pour bafe l'intérêt ou l'ambition du féducteur ; l'artifice , la diffimulation , le preftige , la fraude font fes moyens ; l'ignorance , les préjugés , les paffions la favorifent. On feroit , je penfe , fort embarraffé de déterminer l'efpece d'intérêt ou le genre d'ambition qui guidoit l'auteur du chriftianifme & fes premiers apôtres : on ne le feroit pas moins de prouver leur fourberie ; & on le feroit plus encore de citer les paffions ou les préjugés qu'ils ont flattés par leur doctrine , ou autorifé par leurs mœurs. Quand on n'a d'autre perfpec-
tive

tive que la mort , & une mort hon-
teuse, qu'on le prévoit, qu'on le prédit, & qu'on fait entrevoir le même
fort à ceux qu'on veut féduire : on ne
peut guere être accufé d'intérêt ou
d'ambition, & moins encore de diffimulation & d'artifice.

On ne dira pas fans doute que ces
prétendus féducteurs avoient une parfaite connoiffance de leur gloire future;
des féducteurs prophetes & triom-
phans, pendant dix-fept fiecles, de la
crédulité des peuples, fans violence,
fans appui, fans foutien, fans autre
fecours que celui de l'impofture; croi-
fant en outre toutes les prétentions de
l'orgueil, ruinant toutes les reffources
de l'amour - propre, réfrénant toutes
les paffions, réprimant même les plus
doux penchans de la nature ! La contradiction feroit trop forte : un pareil
triomphe feroit d'ailleurs la honte du
genre-humain, & l'argument le plus
infurmontable contre l'exiftence d'un
Etre fouverainement jufte & fouverainement vrai.

N'importe : on a taxé *Jefus - Chrift*
d'impofteur, & on l'a condamné comme
tel ; je n'examine point fur quel fondement, l'examen feroit trop long,

& ne feroit fûrement pas défavorable à l'accufé : je me contente de tirer de cette accufation des conféquences qui en prouveront mieux l'injuftice & l'abfurdité.

§. XXX.

JE ne dirai pas que, d'après cette fuppofition, l'établiffement de la Religion chrétienne, eft le plus étonnant & le plus incompréhenfible de tous les prodiges. Un impofteur mis à mort, foutenu, après la publicité de fes ignominies & de fa honte, par d'autres impofteurs punis & connus comme tels, triomphe de la politique, de la force, des préjugés, des paffions, peut-être même de la vérité : quel renverfement dans l'efprit des peuples ! On pourroit, je crois, tirer parti d'un fait auffi extraordinaire, & en combinant les moyens avec les obftacles, & les fuccès avec les obftacles & les moyens, on feroit fûrement forcé de renoncer à la fuppofition.

Ceux qui, pour affoiblir cette preuve de la Religion chrétienne, ne craignent pas de comparer fes progrès à ceux du paganifme, du mahométifme, &c. devroient être affez juftes pour confparer auſſi les moyens, & ne pas gliſſer ſi légérement ſur la nature des Religions en elles-mêmes, & ſur le caractere des peuples qu'elles ont ſoumis ; ils concluroient peut-être, après un mûr examen de ces petites *bagatelles*, qu'une erreur flatteuſe & favorable aux paſſions, préſentée, ſur-tout, les armes à la main, peut aiſément trouver des partiſans, & que la force qui fait des eſclaves, peut bien auſſi faire des *croyans* ; & ils conviendroient ſûrement du contraire, s'il s'agiſſoit d'une erreur gênante & défavorable, propoſée par l'indigence & la foibleſſe, par des hommes, en un mot, avilis par le préjugé, & auſſi mépriſés qu'impuiſſans par leur état. L'eſprit-humain eſt tel qu'il ne cede qu'à la vérité, ou à l'erreur qui en revêt les apparences & qui ſupplée à la réalité par des avantages ſéduiſans. Celle-ci l'emportera même, ſi l'on veut, très-ſouvent ſur la vérité connue, & qui n'aura point à ſa ſuite les faux biens que l'homme pourſuit : mais il n'embraſſera jamais, ou il ne feindra pas d'embraſſer ſans intérêt une erreur démontrée, il n'eſt pas juſqu'à ce point l'ennemi du vrai.

Ce ne ſont là que des réflexions

morales; elles portent cependant sur l'essence de l'homme; elles pourroient nous conduire loin : mais je les aban-donne pour tirer mes conséquences.

PREMIERE CONSÉQUENCE.

Si *Jesus-Christ* ne fut qu'un impos-teur, les juifs ne font coupables ni de l'avoir condamné, ni de l'avoir puni. Par sa mort ils ont également vengé *Dieu* & les hommes, & ils ont pris le moyen le plus efficace pour prévenir les progrès de l'erreur, & les maux qui en résultent nécessai-rement pour l'humanité.

SECONDE CONSÉQUENCE.

Si les Juifs ne font point coupables, je ne vois dans leur état présent qu'une fuite naturelle de l'instabilité des em-pires, & le résultat de ces révolu-tions politiques qui portent en dernier ressort sur les passions des hommes. Cet état ne doit plus être regardé comme un châtiment & comme un monument éternel des vengeances d'un *Dieu* juste fur un peuple prévaricateur. Je ne vois plus en conséquence dans cet état, ni honte, ni opprobre, ni infamie; je n'y vois que l'oppreſſion, & cette oppreſſion eſt le crime de tous les peuples. Cet acharnement de tous les peuples contre une nation éparſe & incapable de nuire, me frappe cependant. L'exiſtence même de cette nation dans cet état d'oppreſſion & d'aviliſ-ſement me ſurprend encore plus; je ne conçois pas comment elle ſe per-pétue & ſe ſoutient depuis dix - ſept ſiecles dans cette eſpece d'eſclavage, ſans chef, ſans domination, ſans aucune forme de gouvernement politique, ne jouiſſant, en un mot, que d'une exiſ-tence précaire & ſubordonnée à des loix étrangeres; je ne conçois pas com-ment elle ne s'eſt pas depuis long-tems confondue elle & ſon nom avec les nations qui la ſubjuguent & l'op-priment. On pourroit comparer les Juifs avec ces anciens peuples dont on ne connoît les noms que par l'hiſ-toire, & demander quel peut être le fondement d'une ſi grande différence: mais je laiſſe à nos philoſophes le ſoin de lever ces petites difficultés.

TROISIEME CONSÉQUENCE.

Si l'état présent des Juifs n'est point un châtiment, tous les oracles dont ils se glorifient ne font que de faux oracles ; tous leurs prétendus prophetes n'étoient que des visionnaires dont l'imagination exaltée n'enfantoit que des rêves funestes ; dont la nation étoit la dupe.

Je pourrois me dispenser de justifier cette conséquence ; depuis long - tems nos beaux esprits ne donnent à ces hommes inspirés d'autres qualifications que celle de rêveurs & de fourbes, sans s'embarrasser des suites. Malheureusement dans le cas présent, l'événement pourroit les faire passer pour vrais : car enfin ils n'ont prédit que ce qui arrive, & il n'arrive que ce qu'ils ont prédit. Que faut-il de plus pour décider la vérité d'un oracle ? L'impossibilité de prévoir par le concours des causes naturelles, ce qu'on annonce. Or comment se peut-il que sept ou huit siecles auparavant, les causes naturelles fussent tellement arrangées, tellement combinées, que le fait prédit y fût gravé de maniere qu'il ne

fallût que des yeux pour l'y démêler
avec toutes les circonstances. On con-
viendra que ceux qui l'ont ainsi vu y
voyoient de loin, & que ce n'est pas
à tort qu'on les appelloit *voyans* ; ou
que s'ils ne l'ont pas vu, la fortune
ou le hasard les a bien servis : mais
la digression est assez longue, passons
à notre conséquence.

Je dis donc que si l'état actuel des
juifs n'est pas un châtiment, tous leurs
oracles sont faux. Il ne suffit pas, en
effet de considérer cet état en lui-même
comme un fait isolé, sans liaison &
sans rapport, puisque c'est un fait
prédit de l'aveu de ceux même qu'il
regarde ; il faut l'examiner dans les
oracles qui le renferment, & rappro-
cher ensuite l'événement de la prédiction jusqu'aux moindres circonstances
qui accompagnent l'un & l'autre. Pour
peu qu'on soit versé dans l'histoire
prophétique de ce peuple, on doit
savoir que le but principal de la plupart des prophéties, est d'annoncer
à cette nation un libérateur par excellence, un législateur nouveau, un
Messie en un mot ; & qu'on trouve
dans tous les prophetes les principaux
caracteres qui doivent servir à le faire

connoître. Je pourrois citer à cet égard les *Jacobs*, les *Isaïes*, les *Jérémies*, &c. On doit savoir encore que, selon les prophetes, ce *Messie* si bien caractérisé, si souvent prédit, si ardemment desiré & si long-tems attendu, devoit être méconnu par le peuple même auquel il étoit annoncé, & qui l'attendoit; que tous les opprobres dont il devoit être couvert, tous les mauvais traitemens qu'on devoit lui faire, les injures dont on devoit l'accabler, les maux qu'il devoit endurer, la mort enfin qu'il devoit subir : tout étoit également prédit & parfaitement détaillé. On doit savoir enfin que l'ingratitude du peuple juif envers le *Messie* promis, est annoncée dans ces mêmes oracles, comme l'époque & la cause des maux qu'il devoit endurer jusqu'à la consommation des siecles, & de cette réprobation dont les humilians effets devoient s'étendre à toutes les générations, & se perpétuer d'âge en âge sans retour & sans terme. Il faut n'avoir jamais lu les prophéties de *Jérémie*, de *Daniel*, de *Malachie*, d'*Osée*, &c. pour ignorer que c'en est là le précis. Dès-lors le raisonnement le plus simple justifie la conséquence que j'ai tirée.

Tout châtiment suppose un crime,
puis-je dire, parce que le crime doit
nécessairement précéder la peine qui
lui est due. Si donc l'état actuel des
Juifs n'est point un châtiment, cette nation n'a point à se reprocher le crime qui,
selon les prophetes, devoit précéder
son état présent ; si elle n'est point
coupable de ce crime prédit, elle n'a
donc pas méconnu le *Messie* promis ;
si elle n'a pas méconnu ce *Messie* promis, ou ce *Messie* n'a pas encore paru,
ou elle le révere en secret, ou c'est
à tort qu'on le lui faisoit attendre.
Dans ce dernier cas, les prophéties
sont évidemment fausses. Dans le premier, elles sont fausses aussi, parce
que le tems marqué dans les prophéties pour l'arrivée du *Messie* est passé
depuis très-long-tems. Le second est
une fausse supposition ; cette nation
ne seroit pas si malheureuse, si elle
avoit à sa tête ce libérateur puissant
qui devoit la faire triompher de tous
ses ennemis ; d'ailleurs elle convient
de bonne foi qu'elle languit encore
dans l'attente, & son aveuglement à
cet égard est la plus forte preuve de
son crime & de la vérité des oracles.
Qu'elle prête à ses malheurs toute

autre cause ! Ce font d'autres crimes
dont elle fe charge pour fe difculper
de celui dont on l'accufe. Elle ne voit
pas qu'en s'écartant du fens de fes
oracles, elle en fait fufpecter la vérité,
& que ce foupçon retombe fur la divinité de la révélation dont elle fe
glorifie. Les oracles du peuple juif
ne font donc que de faux oracles, fi
l'état actuel de ce peuple n'eft point
un châtiment.

QUATRIEME CONSÉQUENCE.

Si les oracles du peuple juif ne font
que de faux oracles, les prodiges qu'il
dit s'être opérés en fa faveur ne font
non plus que des preftiges. Une Religion qui ne porte que fur de faux
oracles, ne fauroit avoir des miracles
vrais, fur-tout fi elle fe fonde fur les
uns & les autres, elle ne feroit alors
qu'un affemblage monftrueux d'erreur
& de vérité. Si les oracles font faux,
les faits miraculeux le feront donc auffi.

CINQUIEME CONSÉQUENCE.

Si les faits miraculeux renfermés dans
l'hiftoire du peuple juif ne font que

des faits fuppofés, la Religion de ce peuple n'est qu'un tiffu d'erreur & d'impofture : cette conféquence est fort naturelle, ce n'est cependant qu'une conféquence de fuppofition ; mais loin de la rejetter, nos *philofophes* ne manqueroient pas de la regarder comme une conféquence néceffaire, parce qu'ils en regardent les principes comme démontrés. Il est aifé de leur donner, fur ce point, comme fur bien d'autres, un démenti formel, en faifant crouler d'un feul coup tout cet édifice de fuppofition.

SIXIEME CONSÉQUENCE.

Si les faits miraculeux, & conféquemment la révélation du peuple juif, ne font que des faits fuppofés ; les faits hiftoriques, ou pour mieux dire, l'hiftoire entiere de ce peuple n'a plus, ni fondement, ni probabilité. Ces faits, quoique dans un ordre différent, font dans une abfolue dépendance les uns des autres, & quant à leur exiftence, & quant à leur certitude : un exemple va mettre cette vérité dans tout fon jour.

Il est écrit dans l'hiftoire du peuple

juif , qu'il ne fortit de l'Egypte que pour aller prendre poffeffion de la terre de *Chanaan* : depuis fa fortie d'Egypte jufqu'à la prife de poffeffion de cette terre , il s'écoula un efpace de quarante ans. L'hiftorien Juif affure que fon peuple paffa ces quarante ans dans le défert, fans relation avec aucun peuple , & que par un miracle perpétuel , la *manne* tomboit réguliérement tous les jours pour le nourrir , fes habits fe conferverent, &c. voilà le fait.

Il eft certain , de toute certitude hiftorique, que le peuple juif eft forti de l'Egypte ; il eft auffi certain qu'il s'eft emparé de la terre de Chanaan , & il n'eft pas moins certain que de l'époque d'un fait à l'autre , il y a eu quarante ans d'intervalle. Pour concilier les deux premiers faits , il faut que je découvre ce que ce peuple eft devenu pendant cet intervalle de quarante ans ; il faut que je le fuive depuis fa fortie d'Egypte, jufqu'à fon entrée dans la terre promife : fans cela je ne fais plus fi le paifible habitant de Chanaan eft le même que l'efclave de Pharaon ; je perds le fil de l'hiftoire, & j'ignore abfolument fi les deux faits en queſtion regardent le même peuple. Or il n'eſt point de milieu, il faut que ce peuple ait paſſé ces quarante ans dans le déſert, comme le dit ſon hiſtorien, ſans commerce & ſans relation avec tout autre peuple, ou qu'il ait été reçu chez quelque peuple à titre d'hoſpitalité, ou à titre de ſervitude. Pour donner un démenti à l'hiſtorien juif, il faut que je connoiſſe, ou qu'on me faſſe connoître, ce peuple qui a aſſervi le peuple d'Iſraël à ſa ſortie d'Egypte, ou qui a été aſſez mauvais politique pour lui donner un aſyle. Cette derniere ſuppoſition répugne ; la premiere eſt impoſſible à prouver. Je dois donc m'en tenir à l'hiſtoire ; & l'exiſtence du peuple juif dans le déſert pendant quarante ans, me paroît un fait auſſi avéré qu'aucun autre fait de l'hiſtoire de ce peuple.

Qu'on retranche donc maintenant les prodiges qui ſe ſont opérés dans le déſert en faveur du même peuple : ſon exiſtence me paroît, ou impoſſible, ou ſurnaturelle. Comment ce peuple qu'on fait monter à ſix cens mille hommes, ſans compter les femmes & les enfans, comment a-t-il été nourri ? Comment a-t-il été vêtu ? a-t-il trou-

vé dans un défert aride de quoi fournir à tous fes befoins ? A-t-il exifté
fans befoins, ou fans moyen de les
fatisfaire ? Je n'en fais rien : mais je
fais très-bien que, quelque parti que
je prenne, il faut que je recoure au
miracle, ou que je reconnoiffe l'abfurdité de l'hiftoire ; que je rejette par
conféquent comme controuvés des faits
dont on fe fert au befoin pour décréditer le merveilleux des autres, mais
qu'on n'a pas encore pris le parti de
contefter.

Il feroit facile de prouver par d'autres exemples, la même liaifon, la même
dépendance ; celui que nous venons
de rapporter fuffit cependant, parce
qu'un miracle démontré vrai prouve
autant que dix mille : c'eft le fceau de
la divinité, & la divinité ne fauroit fe
déclarer pour l'erreur ; ajoutons que
la vérité d'un miracle eft une preuve
du moins de la poffibilité des autres,
lorfqu'ils ont la même fin & le même
objet.

La vérité des faits hiftoriques dépend
donc ici de la vérité des faits miraculeux : donc fi les faits miraculeux font
fuppofés, les faits hiftoriques n'ont
plus, ni fondement, ni probabilité.

SEPTIEME CONSÉQUENCE.

Si l'histoire du peuple juif n'a, ni fondement, ni probabilité, l'existence actuelle de ce peuple est un vrai mystere : d'où tient-il ces loix religieuses qu'il pratique, ce culte qu'il observe, ces cérémonies qu'il respecte, & pour lesquelles il montre un zele si vif & si ardent, malgré la gêne, la contrainte, l'oppression dans laquelle il gémit ? D'où tient-il ces livres qu'il regarde comme sacrés, & qui dans notre supposition ne font que le méprisable dépôt de l'histoire & des loix d'une nation imaginaire ? D'où vient-il lui-même ? Où & comment a-t-il existé ? Quelles font les causes de sa dispersion ? Comment & pourquoi se trouve-t-il dans toutes les parties de l'univers avec le même nom, les mêmes loix, le même culte, les mêmes cérémonies & la même dépendance parmi des peuples différens qui ont tous pour lui la même horreur & les mêmes sentimens ? Comment......Mais les *comment* ne finiroient point, & le mystère deviendroit toujours plus impénétrable.

Je reviens maintenant sur mes pas ;

& certain de l'exiſtence d'une nation
qui éprouve les mépris & la haine de
toutes les autres, je m'aſſure par ſes
propres annales., par le nom qu'elle
porte., par ſes mœurs, par ſes loix
politiques & religieuſes, que ſon origine eſt la même que celle des anciens
Juifs, & je conclus que cette nation
diſperſée offre aux yeux de l'univers
les triſtes débris, les reſtes malheureux d'un peuple autrefois appellé le
peuple *choiſi*, le peuple *redoutable*, le
peuple de *Dieu*.

L'hiſtoire de ce peuple n'eſt rien donc
moins que fabuleuſe, il a jadis exiſté,
puiſqu'il exiſte aujourd'hui, & il a
exiſté, ſans doute, de la maniere que
ſon hiſtorien le dit, puiſqu'il m'eſt impoſſible de convaincre cet hiſtorien de
faux. Si l'hiſtoire eſt vraie, les prodiges qui ſont racontés dans l'hiſtoire
ne ſauroient être faux : la vérité de l'hiſtoire dépend de la vérité des faits
contenus dans l'hiſtoire, & les prodiges ſont des faits ; nous l'avons obſervé d'ailleurs, il regne entre l'hiſtoire & les prodiges une ſi étroite liaiſ-
ſon, une dépendance ſi abſolue, qu'on
ne peut porter ſur ces deux objets qu'un
même jugement. Si les prodiges ſont

vrais, les oracles font à l'abri de tout foupçon, puifqu'ils partent du même principe, & qu'ils ont le même fondement, le même objet & la même fin. J'apprends par les oracles que l'état préfent du peuple juif eft la jufte peine d'un crime, & d'un crime dont toute la nation s'eft rendue coupable ; ce crime, c'eft une méprife inexcufable, un aveuglement volontaire, une ingratitude monftrueufe ; c'eft la mort du roi de gloire, du *Meffie* promis ; ce *Meffie* a donc déjà paru. Pour conclure que *Jefus-Chrift* n'eft point un impofteur, je n'ai donc plus qu'à prouver qu'il étoit le vrai *Meffie*. La conduite des Juifs à fon égard me fourniroit ici une preuve fuffifante, mais elle ne fatisferoit pas peut-être tous les efprits : quoiqu'en la rapprochant de tout ce que j'ai dit, il faudroit être bien difficile pour ne pas s'y rendre. Il en eft une autre que les apologiftes de la religion ont très-bien fu faire valoir ; elle confifte à ramaffer tous les caracteres fournis par les prophetes pour préparer les efprits, & les forcer, pour ainfi dire, à reconnoître cet *envoyé de Dieu*, & à montrer que tous ces caracteres ont été réunis dans ce *Jesus* que les Juifs ont méconnu, & qu'ils ont crucifié, afin que les écritures s'accomplissent. Je ne prétends point infirmer ces preuves, j'en connois, j'en sens toute la force; & plût à Dieu que tout le monde la sentît comme moi, nous n'entendrions pas tant de blasphêmes; & tout occupés à remplir des devoirs que chaque homme regarderoit comme indispensables pour lui, on seroit dispensé de défendre la religion qui les impose, parce que personne ne seroit assez méchant, assez déraisonnable pour la combattre. Mais malheureusement l'impiété prévaut, l'irréligion est à sa suite; les mœurs se ressentent de leur dangereuse influence; il faut, pour ainsi dire, parler aux yeux pour arrêter les progrès du crime & de l'erreur: trop heureux encore si on pouvoit se flatter de quelque succès; mais la vérité, comme la vertu, semble avoir abandonné la terre. Essayons du moins de la montrer aux hommes: si nos efforts sont vains, nous aurons du moins rempli la tâche que la probité, la raison, l'amour de l'humanité, & le zèle pour le bonheur de la société nous imposent.

Je l'ai déjà dit, l'existence actuelle du christianisme & la décadence du judaïsme sont les seuls faits sur lesquels je fonde toutes mes preuves; ce sont-là les seuls garans de ma foi. Ces faits appuyés sur le témoignage de mes sens, sont également à l'abri, & des sophismes de l'incrédulité, & des discussions de la critique. Les conséquences qui en découlent sont très-naturelles; raisonnons donc encore, & concluons. Nous n'avons plus, pour décharger entiérement le législateur des chrétiens de l'accusation d'imposture dont les Juifs se servirent pour le condamner, & que l'incrédule s'efforce d'accréditer, pour obscurcir, s'il étoit possible, la gloire de ce divin médiateur, nous n'avons plus, dis-je, qu'à prouver qu'il étoit le vrai *Messie*.

§. XXXI.

L'état actuel des Juifs a été prédit, comme nous avons vu; & les oracles qui en détaillent non-seulement toutes les circonstances, mais qui en pénetrent encore & en expliquent la cause & les motifs, sont de vrais oracles. Nous avons tiré de cette vérité

fondamentale les plus juftes conféquences. Ces mêmes oracles annoncent
une légiflation nouvelle, un facerdoce
nouveau, un nouvel ordre de facrifices, de cérémonies, de promeffes,
une religion nouvelle, en un mot,
qui doit fuccéder à l'ancienne, comme
la réalité aux figures, comme la vérité
à l'ombre. Une légiflation nouvelle
exige & fuppofe un légiflateur nouveau. Ces mêmes oracles me montrent
ce légiflateur dans le *Meffie* promis :
c'eft lui, me difent-ils, qui doit réunir
ce qui eft féparé ; c'eft lui qui doit
venger les droits de l'Éternel, & porter fa gloire & fon culte jufqu'aux
extrêmités de la terre, &c. &c. D'après
ce caractere, il m'eft impoffible de me
méprendre ; je trouve le *Meffie* dans
le Légiflateur, & je trouve le Légiflateur dans l'auteur de cette Religion
qui a fuccédé à l'ancienne, qui l'a perfectionnée, & qui s'eft établie fur fes
ruines. Je cherche quelle eft cette Religion qui a fuccédé à celle de *Moïfe* :
en rapprochant les époques, je vois
que cette Religion ne peut être que la
Religion chrétienne. Je cherche quel
eft l'auteur de cette Religion, & je
vois que c'eft inconteftablement ce

Jesus de *Nazareth* que les Juifs ont crucifié. Je dis donc :

1°. La décadence du *judaïsme*, & l'état floriffant du chriftianifme font deux faits non-feulement d'égale certitude, mais deux faits relatifs ; l'un trouve fa raifon & fa caufe dans l'autre. Il eft donc entre eux, & entre chacun d'eux en particulier, & l'oracle qui les a prédits avant le tems, un égal rapport de vérité ; de forte que les faits font auffi vrais que l'oracle, & l'oracle auffi vrai que les faits. Ces deux faits font donc des faits prédits, & ils font tels qu'ils ont été prédits, L'oracle qui les a prédits eft donc évidemment vrai d'une évidence de fait, puifque les faits font exactement conformes à l'oracle, je dis donc :

2°. Conféquemment à l'oracle, la Religion qui a fuccédé à celle de *Moïfe*, qui l'a abrogée en partie, & perfectionnée à d'autres égards, cette Religion nouvelle eft à l'ancienne comme la vérité à l'ombre, comme la réalité aux figures, & par conféquent comme le parfait à l'imparfait. Ces deux Religions auront donc le même principe, la même origine ; elles ne différeront que dans les caracteres, & ces caracteres feront entr'eux comme les Religions font entr'elles. J'ai déjà obfervé que cette Religion nouvelle eft inconteftablement la Religion chrétienne : la Religion chrétienne eft donc à la Religion de *Moïfe*, comme le parfait à l'imparfait. Je dis donc :

3°. Ces deux Religions, différentes dans le degré de perfection qui les caractérife, ne fauroient l'être dans le degré de vérité qui les fonde, ni dans la divinité de leur origine. J'en conclus que, fi la Religion de *Moïfe* eft vraie, la Religion chrétienne l'eft auffi ; & que fi celle de *Moïfe* eft divine, celle de *Jefus-Chrift* doit l'être néceffairement. Nous l'avons prouvé, la Religion de *Moïfe* porte fur de vrais oracles, & fur des vrais miracles : elle eft donc vraie, elle eft donc divine. La Religion chrétienne eft donc vraie, la Religion chrétienne eft donc divine. Je dis donc :

4°. Le Légiflateur nouveau eft à la Religion nouvelle, ce que l'ancien eft à l'ancienne, & ils font entr'eux comme les Religions font entr'elles. Donc comme je puis conclure fans crainte de la vérité & de la divinité de la Religion de *Moïfe*, à la vérité & à la divinité de la miffion de ce Légiflateur, je puis conclure auffi de la vérité & de la divinité de la Religion chrétienne, à la vérité & à la divinité de la miffion de *Jefus-Chrift* ; & je puis conclure encore de la fupériorité de la Religion chrétienne fur la judaïque, à la fupériorité de *Jefus* fur *Moïfe*. Ceux qui m'accuferoient de former ici, ce qu'on appelle, en logique, *un cercle vicieux*, n'auroient pas fuivi ma marche, ou ne l'auroient pas faifie. Je dis donc :

5°. La Religion chrétienne eft donc la Religion prédite ; l'auteur de la Religion chrétienne eft donc le Légiflateur prédit ; or, felon les oracles, le Légiflateur prédit eft le même que le *Meffie* promis : donc l'auteur de la Religion chrétienne eft le vrai *Meffie* ; ou rien n'eft plus faux que les oracles ; l'auteur de la Religion chrétienne n'eft donc point un impofteur, les Juifs font donc coupables de l'avoir méconnu, & ils font inexcufables, puifqu'ils auroient pu & dû le reconnoître. L'acte d'injuftice qu'ils ont commis à fon égard, eft donc le grand crime qu'ils expient par leur difperfion, leur fervitude & leur aveuglement. Je trouve donc dans la mort ignominieufe du Légiflateur nouveau, la véritable & seule caufe de l'état actuel du peuple Juif. Comme je trouve dans l'établiffement de la Religion chrétienne la véritable & seule caufe de l'abrogation de la loi de *Moïfe*, cette abrogation, & l'état de réprobation & d'aveuglement dans lequel gémiffent les fectateurs de cette loi, dépofent donc conftamment en faveur de celui qu'ils ont crucifié. Je ne puis me difpenfer de regarder ce crucifié comme le miniftre, le vengeur, le réparateur des droits de la Divinité, puifqu'il fait avec la Divinité caufe commune, & qu'elle le foutient, l'avoue, le défend & le venge ; je ne puis me difpenfer de le regarder comme un *Dieu*, puifqu'il s'eft donné pour tel, & qu'il n'étoit point un impofteur. La Religion qu'il a donnée au monde eft donc la Religion d'un *Dieu*, elle eft donc la feule vraie, la feule légitime exclufivement à toute autre, parce que la vérité eft une, & que *Dieu* ne peut fe manifefter que d'une façon. Puiffe cette Religion fainte trouver plus de ferviteurs & moins d'ennemis !

LETTRE

LETTRE

A l'Auteur du Systéme de la Nature,
mort ou vivant.

Vir bonus & prudens. . . . . . fiet Aristarchus ;
Nec dicet cur ego amicum offendam in nugis ?
HOR. de Art. Poet.

MONSIEUR,

EN publiant votre *systéme*, qu'il vous
a plu, ou que vous avez été *nécessité*
d'appeller celui de la *nature*, vous n'a-
vez mis sous nos yeux qu'une *modifi-*
cation de la *matiere*, qui n'a pas même
le foible mérite de la nouveauté. La
nature dans sa marche éternelle a nécessai-
rement ramené de nos jours, *par un jet*
sûr, les circonstances nécessaires à la pro-
duction d'un Être tel que vous (1) ;
& votre *organisation*, à-peu-près com-
binée comme celle des *Epicures*, des
Protagoras, des *Lucreces*, des *Spinosa*,
&c. &c. &c. a donné, à-peu-près,
la même *combinaison* d'idées. Le même

(1) *Tom. II.*
ch. 5, P. 177.

E

degré de fineſſe, la même flexibilité, le même ébranlement dans les fibres de votre *cerveau*, en un mot, le même *concours des cauſes productrices* (2) vous a rangé dans la claſſe de ces êtres *extraordinaires, merveilleux & rares*, qui exigent, de la part de la *nature*, des *jets* plus compoſés; & pour leſquels, probablement, elle n'a pas toujours aſſez d'énergie. *Soumis*, comme eux, *à des loix auxquelles rien n'a pu vous ſouſtraire....... Vous avez ſubi, ſans murmurer, les arrêts de cette force univerſelle, qui ne peut revenir ſur ſes pas* (3); & vous avez écrit ſans liberté, ce que vous aviez conçu ſans intelligence. C'eſt la premiere conſéquence que j'ai tirée de vos principes: elle juſtifie vos efforts.

Malheureuſement, Monſieur, ces efforts étoient inutiles; ſi vous aviez pu vous diſpenſer de les faire, uous avez comptable du tems que vous avez perdu en les faiſant. Vous avez écrit, ſans doute avec beaucoup de peine, comme avec beaucoup de confuſion, & très-peu d'ordre, deux gros & puiſſans volumes, que l'on pourroit aiſément réduire à quelques pages, ſi l'on en retranchoit les répétitions &

(2) *Ibid.*

(3) *Tom. I. ch. I, p. 2.*

les déclamations : & pour qui les avez vous écrits ? pour des êtres, efclaves, comme vous, des loix de la *nature*, & de cette *force irréfiftible* avec laquelle elle fubjugue toutes fes productions. Comment avez-vous imaginé que la plupart de ces êtres étoient malheureux ? Peut-on l'être en fuivant aveuglément les loix de la *nature* ? & des êtres foumis *irréfiftiblement* à ces loix peuvent - ils s'en écarter ? D'ailleurs, fuffent - ils réellement malheureux, auriez-vous jamais dû vous flatter de les ramener au *bonheur* ? Ceux qui ont le précieux avantage d'être *organifés* comme vous, ces êtres privilégiés, ces êtres *merveilleux & rares*, n'avoient fûrement befoin ni de vos leçons, ni de vos préceptes ; la *nature*, en les *jettant* fur votre moule, a *combiné*, a *modifié* leur *cerveau* pour la même façon de penfer : *ils agiffent*, comme vous, *fans relâche d'après ces loix conftantes & immuables, qui ne varient pas plus pour la nature totale, que pour les êtres qu'elle renferme.* (4). Ils font, comme vous, *irréfiftiblement* for-cés de ne s'attacher qu'à *l'expérience*, & ils ne peuvent découvrir dans *l'ex-périence* que ce que vous y avez décou-

(4) *Tom. I. ch. 4, F. 59.*

vert vous-même. A l'abri, par conféquent de l'erreur & du vice, leur
bonheur est inaltérable, c'est dommage
qu'il ne soit pas éternel. Pour les autres, Monsieur, c'est-à-dire, pour ces
êtres, productions communes de la
nature, qui n'ont avec vous & vos
semblables qu'une *ressemblance générale*,
pour ces êtres, organisés tellement
quellement, & dont les fibres grossiérement *élaborées* & peu flexibles ne
sauroient être ébranlées que par les
rudes secousses de *l'erreur* & du *préjugé*,
vous n'avez pas sans doute prétendu
leur faire goûter votre système ? Vous
avez indubitablement senti que leur
organisation n'étoit pas faite pour les
vérités sublimes dont vous vous déclarez l'apôtre ? Si vous aviez le malheur de leur faire entendre raison,
vous cesseriez de l'avoir vous-même ;
& *l'expérience* nous démontreroit qu'on
peut se soustraire aux loix de la nécessité. Mais vous savez trop bien, que
*l'homme n'agit jamais que d'après les
loix propres à son organisation, & aux
matieres dont la nature l'a composé* (5).
Vous savez trop bien aussi, que *les
organes visibles des hommes, ainsi que
leurs organes cachés ont bien une analo-*

(5) *Tom. I,
ch. 1, p. 4.*

gie ou des points généraux de conformité ; mais que *les différences sont infinies dans les détails* ; que *les ames humaines peuvent être comparées à des instrumens dont les cordes déjà diverses par elles-mêmes, ou par les matieres dont elles ont été tissues, sont encore montées sur des tons différens.* . . . . que *c'est de-là que résulte cette diversité si frappante que nous trouvons entre les esprits, les facultés, les passions, les énergies, les goûts, les imaginations, les idées, les opinions des hommes* ; que *cette diversité est aussi grande que celle de leurs forces physiques, & dépend comme elle de leurs tempéramens, aussi variés que leurs physionomies ;* que, *comme il n'est point, & ne peut y avoir dans la nature deux êtres & deux combinaisons qui soient mathématiquement & rigoureusement les mêmes,* . . . . il n'est *pas aussi deux individus de l'espece humaine qui aient les mêmes traits, qui sentent précisément de la même maniere, qui pensent d'une façon conforme, qui voient les choses des mêmes yeux, qui aient les mêmes idées, ni par conséquent le même système de conduite :* & qu'enfin *les hommes different essentiellement* (6). Vous avez dû savoir par conséquent, qu'il ne leur est pas plus libre de se

(6) *Tom. I,* *ch. 9, p. 129, 130 & suiv.*

E 3

ressembler que de *s'organiser* eux-mêmes ; & que, vouloir qu'un homme agisse & pense comme nous, c'est vouloir qu'il ait la même *organisation* que nous : vouloir qu'il ait la même *organisation*, c'est vouloir qu'il ait la même *figure* : & vouloir qu'il ait la même *organisation* & la même *figure*, c'est vouloir qu'il cesse d'être ce qu'il est essentiellement, pour devenir essentiellement ce qu'il ne peut pas être ; ou, qu'il cesse de suivre les loix de sa propre *essence*, pour se conformer aux loix d'une *essence* étrangere : & qu'enfin vouloir tout cela, c'est vouloir tout-à-la-fois sa destruction & son existence : c'est vouloir que *le concours des causes productrices* de son être ait été différent qu'il n'a été ; qu'il n'ait pas par conséquent, tel *tissu*, tel *arrangement dans les fibres & dans les nerfs*, & que *les matieres qui mettent ces fibres en jeu, & leur impriment du mouvement ne soient* pas telles *par leur nature, par leur qualité & par leur quantité* ; c'est vouloir qu'il n'ait pas tel *tempérament*, qu'il n'ait pas *puisé dans le sein de sa mere ces matieres qui influent pour toujours sur ses facultés intellectuelles, sur son énergie, sur ses passions, fur fa conduite*, &c , &c. (7), en un mot, c'eft vouloir qu'il foit lui & non pas lui.

Comment une prétention fi ridicule a-t-elle pu prendre dans un *cerveau* auffi parfaitement *organifé* que le vôtre? En vérité, votre *organifation*, toute parfaite qu'elle eft, doit être d'une bizarrerie qui ne reffemble à rien. Prétendre au renverfement total des *loix* & des fyf-têmes néceffaires de tous les individus d'une efpece ; prétendre réformer leur *effence* ; détruire, par un moyen pure-ment moral, des *loix* phyfiques, *conf-tantes & immuables qui ne varient pas plus pour la nature totale, que pour les êtres qu'elle renferme ;* & faire difparoî-tre ces *différences infinies dans les dé-tails*, qui *diftinguent effentiellement* un individu de l'autre, pour établir en-tr'eux cette *reffemblance* exaête, cette monotonie de *facultés*, de *paffions*, d'*énergie*, de *goûts*, &c. qui feroit la ruine de la *fociété* & de la *morale*, dont *la diverfité feule qui fe trouve entre les individus de l'efpece humaine fait le foutien* (8) ! eh ! autant valoit-il, Monfieur, autant valoit-il prefcrire à la *nature*, à *cette force univerfelle qui ne peut revenir fur fes pas*, d'anéantir

(7) Ibid.

(8) Ibid.

E 4

tous les *jets* qu'elle a faits dans notre espece, pour n'en plus faire que sur votre moule, & de bien prendre garde *d'élaborer* dans le même degré de perfection les *molécules de matiere* néceſſaires à cet effet. Juſqu'alors, Monſieur, je vous plains, il faut que vous renonciez à toute eſpérance de faire triompher la vérité ; ou, que vous abandonniez votre ſyſtême. Rien n'eſt plus triſte réellement que cette alternative. Auſſi, convenez de bonne-foi, qu'il y a un peu de votre faute : car, pourquoi débuter par nous dire, que *les hommes ſe tromperont toujours quand ils abandonneront l'expérience pour des* (9) Tom. I. *ſyſtêmes enfantés par l'imagination* (9). ch. 1, p. 1. Pourquoi nous inviter, nous ſolliciter, nous preſſer, de ſecouer le joug de *l'erreur* & du *préjugé;* pour dire enſuite & pour répéter mille fois que, *tout dans la nature eſt néceſſaire,* & que, *rien de ce qui s'y trouve ne peut agir au-* (10) Tom. I. *trement qu'il n'agit* (10) ? N'avez-vous ch. 4, p. 57. pas ſenti que c'étoit-là renverſer d'une main, ce que vous établiſſiez de l'autre ? N'avez-vous pas ſenti que c'étoit nous dire :

Ces *ſyſtêmes enfantés par l'imagination* ſont dans la *nature;* ce ſont des *réſul-*

tats de quelques-unes de *ces combinai-*
sons qu'elle fait pendant une éternité (11).
C'est elle qui par des *jets particuliers,*
mais *sûrs,* a *organisé* les *cerveaux* qui les
ont conçus, & qui les a *organisés* pour
les concevoir. Ces *causes,* ainsi combinées, *ont eu immanquablement leurs*
effets (12); & ces *effets sont très-naturels,*
ce sont des suites néceffaires du mécha-
nifme propre de ces caufes, ou *de ces*
cerveaux, & des impulfions qu'ils ont
reçues des êtres dont ils étoient entourés.
Tous ces fyftêmes que l'efprit humain a
fucceffivement inventés pour changer ou
perfeélionner fa façon d'être, & pour la
rendre plus heureufe, ne furent jamais
que des conféquences néceffaires de l'ef-
fence propre de l'homme, & de celle des
êtres qui agiffent fur lui..... Tout ce
que les auteurs de ces fyftêmes *ont*
fait ou penfé, tout ce qu'ils ont été &
ce qu'ils font, ne fut jamais qu'une suite
de ce que la nature univerfelle les a fait...
Toutes leurs idées, leurs volontés, leurs
aélions étoient des effets néceffaires de
l'effence & des qualités que cette nature
avoit mifes en eux, & des circonftances
par lefquelles elle les a obligés de páffer
& d'être modifiés, &c. (13). Je fuis idolâtre de cette *nature,* je l'admire dans

(11) *T. II.*
ch. 5 , p. 177.

(12) *Ibid.*

(13) *Tom. I.*
ch. 1, p. 2.

fa marche éternelle, je l'étudié fans ceffe, je médite fes *loix*, je contemple avec enthoufiafme fon *énergie & la façon immuable dont elle agit :* tout ce qu'elle fait eft bien, parce que *tout ce qu'elle fait eft néceffaire ; elle ne fait rien par des combinaifons fortuites, & par des jets hafardés* (14) ; *il ne peut y avoir ni défordre, ni mal réel fous fon empire, parce que tout fuit les loix de fa propre exiftence* (15) : cependant ces fyftêmes enfantés par l'imagination, effets naturels & néceffaires des caufes que la *nature* a produit elle-même, & qu'elle a forcé d'agir *fuivant des loix fixes, certaines & dépendantes de leurs propriétés effentielles* (16) ; ces fyftêmes, dis-je, font une pépiniere d'erreurs ; ils ont porté le défordre & le trouble dans l'univers ; ils ont enfanté l'ignorance & les malheurs. Ceux qui les ont imaginés ont ignoré la *nature*, ils ont méconnu fes *loix*, ils fe font frayé d'autres routes pour arriver au bonheur, & ils ont précipité ceux qu'ils ont féduits dans un abyme d'infortune en s'y précipitant eux-mêmes ; ils fe font roidis contre cette *force irréfiftible* qui les entraînoit vers la félicité ; ils ont triomphé de cette douce *fatalité*, qui eût fixé pour toujours leur

(14) T. II. p. 177.

(15) Tom. I. ch. 5, p. 70.

(16) *Ibid.*

bien-être; & tous les maux en foule ont suivi cet acte de révolte aussi *nécessaire* en lui-même que dans ses effets. Abandonnez donc ces systêmes malheureux; *élevez-vous au-dessus du nuage du préjugé; sortez de l'atmosphere épaisse qui vous entoure.... défiez-vous d'une imagination déréglée; prenez l'expérience pour guide; consultez la nature*, &c. (17). Vous ne le pouvez pas, pauvres petites machines mal ordonnées, *les loix de votre organisation & celles de votre essence* s'y opposent; vous êtes enchaînées par les liens de la nécessité; *vous n'êtes pas plus libres de penser que d'agir* (18). N'importe, je vous y exhorte, je vous en presse; la nature m'a *nécessairement organisé*, pour être *nécessairement* l'apôtre du bonheur & de la vérité, comme elle vous a *organisé*, pour être *nécessairement* les victimes de l'infortune & de l'erreur. C'est-là ce que vous avez voulu nous dire, Monsieur, ou du moins ce que vous nous avez dit sommairement dans votre ouvrage. Ce discours, tout pathétique qu'il est, n'est pas trop *philosophique*: il nous annonce le fond que nous devons faire sur vos *expériences*. N'auriez-vous pas pu nous dire quelque chose de plus raisonnable ? n'auriez-

(17) *Tom. I. ch. 1, p. 10.*

(18) *Tom. I. ch. 10, p. 10.*

vous pas pu vous concilier un peu mieux ! euſſiez-vous dû *abuſer* tant ſoit peu à votre tour de la diſtinction qu'on a, fort ſottement, faite *de l'homme physique & de l'homme moral* ? n'auriez-vous pas pu.... mais pardon, Monſieur, j'oublie que vous n'êtes pas libre. Ce n'eſt pas vous qui avez tort, c'eſt votre *organiſation*, ou plutôt, c'eſt la *nature* (19) *Tom.I. dont elle eſt l'ouvrage* (19) qui eſt une ch. 1, p. 2. inconſéquente.

Vous faites à notre égard comme un charlatan qui ſe vanteroit de guérir de tous maux, & qui preſcriroit à tous ſes malades un régime commun, mais phyſiquement impoſſible, ou qui leur offriroit indiſtinctement un remede compoſé de tout ce qu'il y a de plus malfaiſant & de plus venimeux dans la nature. On ſeroit, je crois, très-légitimement diſpenſé de témoigner ſa reconnoiſſance à cet officieux *Hypocrate*. La comparaiſon ne vous paroîtra pas peut-être aſſez flatteuſe, mais elle eſt *néceſſairement* juſte. Car conſidérez que vous aigriſſez nos deſirs, & que vous nous montrez l'impoſſibilité de les ſatisfaire ; que vous nous prouvez fort éloquemment que nous ſommes malheureux, mais que vous démontrez encore mieux que nos malheurs font *néceſſaires ;* que vous nous faites une peinture du bonheur qui ravira même juſqu'à ces honnêtes valets de chambre qu'on rencontre par fois ſur les grands chemins, mais que vous nous faites fort clairement entendre que ce bonheur n'eſt pas fait pour nous ; que vous nous offrez les moyens de nous les procurer, mais que vous nous avertiſſez charitablement que ces moyens ſont impraticables. Voilà pour le régime ; il ne feroit plus queſtion que de la comparaiſon du remede. Hélas, Monſieur, entre nous, vous ſavez bien que celui que vous nous propoſez n'eſt pas ce qu'il y a de plus ſalutaire dans la morale & pour la morale, ni ce qu'il y a de plus avantageux pour la ſociété. Vous l'aviez compóſé ſans doute dans un moment où tout le genre-humain avoit des torts avec vous, & vous l'avez publié pour vous en venger. La vengeance eſt un peu forte … Paſſe encore que votre remede fût mauvais, s'il étoit du moins poſſible qu'on en fît uſage ! mais pour cela il faudroit penſer comme vous, il faudroit avoir fait les mêmes *expériences* que vous, il faudroit être *organiſé* comme vous, &c.

&c. & il n'eſt pas & ne peut y avoir deux jets, deux *combinaiſons dans la nature qui ſoient mathématiquement & rigoureuſement les mêmes.* Si la façon de penſer dépend rigoureuſement de la conformation des *organes tant viſibles que cachés,* vous êtes rigoureuſement dans le cas de notre charlatan. Si, au contraire, cette propoſition n'eſt qu'une *erreur de phyſique,* on peut dire, à votre louange, que connoiſſant tout le venin du remede que vous vouliez oppoſer au torrent *des erreurs phyſiques,* vous avez, par remords de conſcience, donné *l'antidote avec le poiſon* : c'eſt ainſi que les animaux les plus venimeux . . . . . Mais mille excuſes, Monſieur, mille excuſes, j'allois entamer encore une comparaiſon ; j'oubliois qu'on ne peut en faire que d'odieuſes ſur votre compte. Quoique, tout bien peſé, ma délicateſſe eſt un peu déplacée ; je ne vous crois pas capable de vous formaliſer de ſi peu de choſe : les *molécules* de *matiere* dont votre cerveau eſt compoſé, ſont ſûrement *élaborées* de façon que rien ne peut en troubler l'heureuſe harmonie. Vous devez être auſſi indifférent ſur ce qui ſe dit, que vous auriez dû l'être ſur ce qui ſe fait, en

confidérant que tout eft *néceffaire* &
que chaque individu de l'efpece humaine eft forcé de fuivre dans fes
actions, comme dans fes difcours, *les
loix de fa nature* particuliere, qui font
celles de fon *organifation*. Pour moi,
à la faveur de ce grand principe, je
vous pardonne de m'avoir mis au rang
de ces animaux qui ne voient goutte
en plein midi : c'étoit une néceffité de
votre part. Je vous accorde en outre
le privilege d'y voir plus clair que
moi : mais vous devez me pardonner
à votre tour de vous mettre au niveau
de ces êtres rampans, qui ne femblent
exifter que pour nuire. Comme aveugle
néceffaire, je vous crois *néceffairement*
méchant ; comme *néceffairement* méchant, vous me croyez *néceffairement*
aveugle; nous n'avons tort ni l'un ni
l'autre, c'eft la faute de la *nature* qui
nous a *organifés*. Si nous étions libres,
je vous inviterois à déplorer notre
fort, & à convenir que s'il n'eft pas
fur notre globe des êtres plus parfaits,
la *nature* eft plus aveugle ou plus mé-
chante que nous, ou qu'elle n'a pas
un *jet*, une combinaifon qui vaille.

Hélas ! vous l'avouerai-je ? En partant
de vos principes, je l'accufe cette

pauvre *nature*, sans trop savoir ce que vous entendez sous ce terme. Vous l'avez si bien approfondie cette *nature industrieuse & puissante*, vous avez si savamment discuté son *énergie & ses loix*, que vous avez dû nécessairement vous rendre inintelligible à des êtres qui ne sont nullement organisés pour entendre le langage éloquent de *l'expérience*, & d'une *physique* qu'on avoit abandonné depuis tant de siecles, parce qu'il étoit très - peu de *cerveaux* qui, comme le vôtre, fussent en état de la comprendre. La *nature*, dites - vous, est le *grand tout qui résulte de l'assemblage des différentes matieres, de leurs différentes combinaisons, & des différens mouvemens que nous voyons dans l'univers* (20). Eh ! oui, Monsieur, je le savois, & je crois que tout le monde le sait aussi ; il n'y auroit que quelques petits mots à ajouter à votre définition, & nous serions d'accord, du moins sur cet article.

(20) *Tom.I. ch. 1, p. 11.*

Mais *ce grand tout*, qui est la cause *des différens systêmes des êtres, ou, si l'on veut, de leurs natures particulieres, (puisqu'ils ne sont que ce que la nature universelle les a faits)* (21), en même tems qu'il en est le résultat. *Ce grand*

(21) *Tom.I. ch. 1, p. 3.*

tout dépendant dans fon exiftence, de l'exiftence des êtres particuliers qui le compofent; tandis qu'il n'eft point d'être particulier qui, dans fon exiftence, ne dépende du *grand tout dont il fait partie* (22). *Ce grand tout, qui eft un être abftrait que vous ne prétendez point perfonnifier* (23) ; qui n'a par conféquent qu'une exiftence idéale, & qui cependant eft très-*actif*, *très-puiffant*, *très-induftrieux, qui peut tout* (24), *dont tous les ouvrages fe font d'après des loix certaines; uniformes & invariables* (25), *& dont les combinaifons & les* J E T S *peuvent aifément produire tous les étres* (26). *Ce grand tout*, qui n'a d'autres loix que celles des *effences des étres*, & qui varie *pendant une éternité fes combinaifons & fes jets, fuivant des loix invariables qui lui font propres* & qui fondent elles-mêmes l'effence des êtres. *Ce grand tout que* tout homme doit confulter, & confulter feul pour ne pas être trompé *par des fyftêmes enfantés par l'imagination. Ce grand tout* qui fe prête comme de lui-même aux recherches de celui qui le confulte, qui va, pour ainfi dire, au-devant de *l'expérience*, qui fe livre tout entier à l'homme raifonnable & fenfé qui en fait l'objet

(22) *Tom.I.* ch. 1, *p.* 11.

(23) *Tom.I.* ch. 1, *p.* 12.

(24) *T. II.* ch. 5, *p.* 170.

(25) *Ibid.p.* 176.

(26) *Ibid.p.* 177.

de ses méditations, & dont, cependant, *les effets les plus simples & les plus ordinaires échappent aux recherches de l'esprit le plus exercé, & demeurent inexplicables pour lui* (27), au point qu'il est forcé d'avouer que *ce grand tout a des ressources que nous ne connoissons pas* (28), & que dans tous les corps qu'il a combinés, *les mouvemens les plus simples, les phénomenes les plus ordinaires, les façons d'agir les plus communes sont des mysteres inexplicables, dont jamais nous ne connoîtrons les premiers principes* (29). Ce grand tout, en un mot, qui, dans votre systême, nous présente des contrastes si singuliers & si merveilleux, que *ce grand tout*, Monsieur, est un bien grand mystere ! Et que vous êtes heureux que *ce grand tout* lui même vous ait assez mystérieusement organisé pour vous rendre capable de le pénétrer ! C'est un privilege dont vous devriez être fier, si *l'action* du *grand tout* sur vous étoit un acte de prédilection; mais la combinaison du *mouvement* qui vous a donné l'être, étoit l'effet *nécessaire* des *loix nécessaires* d'une *cause nécessaire*, soumise elle-même dans ses opérations *à ces loix nécessaires* qu'elle

(27) *Tom. I. ch. 4, p. 46.*

(28) *Ibid. p. 48.*

(29) *Tom. I. ch. 8, p. 128.*

n'a pas posées, & qui ne font que le *réſultat de ſon eſſence.* Cependant, Monſieur, je me garderai bien de vous regarder vous & votre bonheur comme des effets du *haſard*, je dirai, au contraire, après vous, que le *haſard n'eſt rien*, & que la néceſſité fait tout. Mais convenez que cette néceſſité me rend bien malheureux. Les molécules de mon *cerveau*, groſſiérement *élaborées*, me mettent hors d'état de conſulter le *grand tout.* Je ne puis conſéquemment abandonner des *ſyſtêmes enfantés par l'imagination*, pour me livrer à *l'expérience;* & je me vois forcé de croupir dans les erreurs où m'ont plongé l'éducation, l'exemple & le préjugé. J'ignore la *nature* & *ſes loix*, & vous m'apprenez qu'elle eſt trop myſtérieuſe pour que je ſois tenté de l'étudier. Si *l'eſprit le plus exercé trouve ſes effets les plus ſimples inexplicables*, que pourrois-je me permettre de mes efforts ? Le parti le plus ſûr & en même tems le plus court, c'eſt de *ſubir, ſans murmurer, les arrêts de cette force univerſelle, qui ne peut revenir ſur ſes pas.*

Cependant, ſi vous m'atterrez d'un côté ſous les loix de la néceſſité, ſi vous énervez, en quelque ſorte, toutes mes facultés intellectuelles, en brifant le feul reffort qui peut leur donner de l'activité, l'efpérance ; fi vous me déclarez irrévocablement malheureux, vous m'offrez de l'autre (& je vous en fais un gré infini), vous m'offrez plus d'un motif de confolation. C'eft 1°. que mes erreurs finiffant avec moi, & moi avec mes erreurs, je n'ai rien du tout à craindre pour l'avenir ; c'eft quelque chofe, Monfieur, c'eft quelque chofe que d'être délivré de cette crainte ; c'en eft du moins affez pour moi pour me faire braver en philofophe, pour me faire méprifer même, un malheur qui doit durer fi peu. 2°. C'eft que mes erreurs, quelles qu'elles foient, ne m'empêcheront pas *de remplir la tâche que la nature m'impofe, & de décrire le cercle des changemens qu'elle trace aux êtres de mon efpece* (30). Qui fait même fi ces erreurs n'entrent pas dans la *tâche* que la *nature m'a impofée ?* 3°. que je ferai peut-être plus heureux lorfqu'il prendra fantaifie au *Grand-Tout* de me *jetter fous une infinité de formes différentes ;* du moins puis-je efpérer que, délivré de mon *organifation* actuelle, je ne ferai plus expofé à donner dans des erreurs ; 4°. que fi je fuis malheureux dans le

(30) *Tom.1. ch.1, p. 4.*

cercle que je décris à présent, j'ai tant de compagnons d'infortune, que j'aurois, en vérité, le plus grand tort du monde de me plaindre. Il n'eſt que *l'expérience & la réflexion qui nous apprennent ce qui peut véritablement nous conduire au bonheur ;* (31) *& il eſt peu d'hommes en état de faire des expériences vraies* (32). Il faut pour cela de la raiſon, *qui n'eſt* autre choſe que *notre nature modifiée par l'expérience* (33) ; & *quoiqu'on nous répete tous les jours que l'homme eſt un* être raiſonnable, *il n'y a qu'un très-petit nombre d'individus de l'eſpece humaine qui jouiſſent réellement de la raiſon, ou qui aient les diſpoſitions & l'expérience qui la conſtituent* (34). Que de malheureux, Monſieur, que de malheureux ! Il ſemble que vous ayez adopté le *parvus numerus eleČlorum* de l'évangile. Pour moi, d'après ce calcul, je dis avec un ancien, *miſeri, miſerorum infortuniâ, ſolantur.*

Au ſurplus, le principe que vous établiſſez ici, (ſi je l'ai bien compris) m'autoriſe à douter que je ſois réellement dans l'erreur. Comment puis-je ſavoir en effet ſi, avant que vous fiſſiez vos *expériences,* vous aviez déjà aſſez *d'expériences* pour qu'on pût dire de

(31) *Tom.I.* ch. 9, *p.* 142.

(32) *Ibid. p.* 143.

(33) *Ibid. p.* 142.

(34) *Ibid.*

vous que vous étiez *un être raisonnable* ?
Aviez-vous affez de *raifon* pour cónnoître & pour découvrir dans vous *les difpofitions & l'expérience qui conftituent la raifon* ? Il faut tant de chofes, felon vous, pour faire *des expériences vraies*, & il en faut fi peu pour donner dans cette *illufion* ou dans cette *ivreffe qui nous empêche de faifir le vrai rapport des chofes* (35). Avez-vous bien pu vous affurer avant *l'expérience*, *fans expérience* par conféquent, que *vos organes* tant *intérieurs qu'extérieurs*, *n'étoient viciés, ni par leur conformation naturelle, ni par les caufes qui les modifioient* ? *Votre cerveau n'étoit-il point rempli de fyftêmes vicieux qui influoient néceffairement fur toute votre conduite, & troubloient continuellement votre raifon* ? J'aurois bien d'autres queftions à vous faire, Monfieur, & fur vous-même, & fur les êtres avec lefquels vous n'avez que *des points généraux de conformité*, & fur les comparaifons que vous avez dû néceffairement faire pour vous convaincre de la vérité de vos expériences. Mais vous n'y fatisferiez peut-être pas ; & quand même vous y répondriez avec ce ton décifif qui vous eft fi familier, ne ferois-je pas en droit

(35) *Ibid.*

de suspecter les décisions d'un juge qui prononce sur sa propre cause, sur-tout lorsque ces décisions ne tendent à rien moins qu'à dépouiller la généralité des hommes du titre *d'êtres raisonnables*, & à les déclarer tous, à un petit nombre près, dignes des petites maisons. Pour nous faire avaler cette pilule, il falloit, Monsieur, comme on dit, il falloit un peu mieux la dorer; ou si vous vouliez nous dire crûment *qu'il est très-peu d'hommes qui jouissent réellement de la raison*, il eût été nécessaire de nous prouver par *a*, plus *b* divisé par *d*; que pour *jouir de la raison*, pour faire des *expériences vraies*, pour n'être pas fort sage, il falloit que le *cerveau* eût telles ou telles dimensions, ses fibres telle ou telle délicatesse, tel ou tel ébranlement, tel ou tel mouvement; & les causes extérieures qui le modifient, soit constamment, soit passagérement, telle ou telle co-ordination, telle ou telle action, telle ou telle puissance, &c. il eût été nécessaire de nous prouver par la même méthode, & détailler, avec la même précision, la conformation requise des organes extérieurs; en un mot, tout ce qui peut constituer la sagesse & la folie.

Ce n'eſt pas tout encore, Monſieur, il eût en outre fallu nous aſſurer qu'ayant anatomiſé tous les cerveaux exiſtans & tous les organes qui leur répondent, ayant paſſé en revue toutes les cauſes qui agiſſent ſur eux, ayant ſuivi toutes leurs modifications paſſageres, vous n'avez rien trouvé, compte fait, que votre *cerveau*, & quelques autres, en très-petit nombre, qui fuſſent dignes de ſervir de ſanctuaire à la ſageſſe & à la raiſon. Que ſais-je même ſi, pour donner plus de force à *vos expériences*, vous n'auriez pas dû porter le *ſcalpel* ſur tous les *cerveaux* qui ont exiſté depuis la *révolution*, qui a fait éclorre ſur notre *planete* l'eſpece humaine, parce qu'en bonne logique, ſi les *cerveaux* qui nous ont précédés n'étoient pas entiérement dépourvus de raiſon, en adoptant leur façon de penſer, leurs ſyſtêmes, nous ne ſaurions être taxés de folie ? Cette derniere opération me paroît encore plus difficile que la premiere ; elle étoit cependant néceſſaire ; car, comme vous l'avez très-bien obſervé, *les hommes different eſſentiellement entre eux* ; on ne ſauroit conclure ici *à diſtributivo ad collectivum*, & moins encore *à collectivo ad diſtributivum*.

Chaque

Chaque individu forme un *syftême* à part, qui n'a avec les autres que des *points généraux de reſſemblance & de conformité*. Vous êtes donc bien éloigné d'avoir porté vos *expériences* auſſi loin que l'exigeoit l'importance de la matiere. Vous n'auriez ſûrement fait grace à perſonne ; vous vous feriez arrogé le privilege excluſif de parler & de penſer fenſément. Me feroit-il permis à préſent, Monſieur, de répéter après vous, que *toutes les erreurs des hommes ſont des erreurs de phyſique* (36) ?

Je fens bien, Monſieur, que dans votre fyſtême cette belle maxime n'eſt tout au plus qu'une ſuppoſition gratuite ; car, outre que nous ſommes en droit de fuſpecter vos expériences, des êtres, peut-on vous dire, des êtres qui, dans le *moral* comme dans le *phyſique, ſuivent en tout les loix de leur eſſence & de leur exiſtence*, ne fauroient tomber dans des erreurs de phyſique ſans s'écarter de ces *loix* ; à moins que ces *loix* ne fuſſent elles-mêmes des *erreurs*, ou des cauſes néceſſaires *d'erreurs* : ce feroit alors ſur le compte de la nature qu'il faudroit les mettre ; & dans ce cas, ce feroit fort mal fait à vous de nous avoir dit *qu'il ne peut y avoir ni dé-*

(36) Tom. I.
ch. 1, p. 5.

F

fordre, *ni mal réel dans ce grand tout.* Car enfin une *erreur* est un *mal*, & un *mal* est un *défordre.* Vous voyez donc que les êtres organifés pour penfer ne fauroient errer *phyfiquement*, fans s'écarter des loix de leur *organifation phyfique ;* & vous nous affurez pofitivement qu'ils font *forcément & néceffairement déterminés* à les fuivre, & que *rien de ce qui agit ne peut agir autrement qu'il n'agit.*

Si ce font-là des vérités que vous ayez puifées dans le fein de la *nature*, la *nature* a grand tort, Monfieur ; elle eft femblable à ces mauvaifes meres, qui, par une injufte préférence, ont toujours quelques *bombons* en réferve pour leurs enfans gâtés, tandis qu'elles maltraitent les autres. Elles en font punies quelquefois ; des bontés aveuglément départies n'engendrent fouvent que de l'ingratitude. Mais..... non je me trompe, vous ne méritez fûrement pas, & vous ne pourrez jamais mériter un pareil reproche ; vous êtes difpenfé de la reconnoiffance. Ce que la *nature* a fait pour vous, elle ne l'a pas fait exprès ; c'eft une certaine *combinaifon de jets*, de *mouvement*, d'*action*, c'eft un certain *concours de caufes* imprévu , quoique *néceffaire* , qui vous a mis en poffeffion de fes tréfors cachés : vous pouvez en abufer fans crime. D'ailleurs votre *nature* particuliere n'eft pas plus *libre* que la *nature totale ;* & il n'eft pas, que je fache , d'excufe plus légitime que la néceffité.

Quel galimathias ! dites-vous peut-être , fi vous n'êtes pas encore *dépouillé* de votre *forme* propagatoire. Quel galimathias ! hélas ! Monfieur ; que peut-on faire de mieux , lorfqu'on fe mêle de raifonner d'après vos principes ? Je fuis la marche que vous m'avez tracée. Je vous regarde comme une *machine* dont la *nature* a monté les refforts , ou comme un *inftrument* qui rend des fons proportionnels à la *matiere* , au *tiffu* , & à la *tenfion* de fes *cordes ;* & je vous parle comme fi vous étiez quelque chofe de plus noble & de plus excellent , comme fi vous étiez libre.

C'eft ainfi que , précepteur machine de cette foule de *jets* de la *nature* que nous appellons la *race humaine ;* c'eft ainfi que vous en avez agi avec eux : vous les blâmez, vous les tancez , vous les inculpez, vous les morigenez comme s'il étoit en leur pouvoir de faire mieux, comme s'il leur étoit libre d'ajouter quelque chose à ce que la *nature universelle les a faits*, de corriger les méprises de cet *agent néceffaire*, & *d'agir autrement qu'ils n'y font déterminés par les loix de leur effence*. Tandis que vous les peignez comme des *automates* qui n'ont d'autre mérite que celui d'avoir été fabriqués immédiatement par la *nature*, & d'être un peu plus compliqués peut-être dans leur *méchanifme*; tandis que vous leur annoncez, en termes formels, *qu'ils ne font dans chaque inftant de leur durée que des inftrumens paffifs entre les mains de la nécef-*

(37) *Tom.I. ch. 6, p. 81.* fité (37), & que vous croyez faire enfuite beaucoup pour eux, que de les comparer à une *harpe*, qui, *fenfible* par fa *nature*, rendroit *des fons en fe pinçant elle-même*, & *feroit rendue fenfible*

(38) *Tom.I. ch. 7, p. 109.* *par tout ce qui la toucheroit* (38). Comme cette *harpe* finguliere auroit fans doute grand tort de fe demander *qu'eft-ce qui lui fait rendre des fons?* J'aurois grand tort moi-même de vous demander fi c'eft dans *l'expérience* que vous avez trouvé le terme de cette favante comparaifon; ou fi, du moins, vous avez découvert dans *les loix du mouvement & de la nature* la poffibilité d'un *jet* qui

nous ménageroit l'agréable spectacle d'une *harpe senfible*, & qui auroit la faculté de *fe pincer elle-même?*

Pourquoi non, me direz-vous? *Tout eft également facile à la nature, & tout lui eft poffible quand elle raffemble les inftrumens, ou caufes néceffaires pour agir. Ne limitons jamais fes forces...... fa marche éternelle doit néceffairement ame-ner & ramener de nouveau les circonftances les plus étonnantes...... des jets infinis pendant l'éternité avec des élémens & des combinaifons infiniment variés fuffifent pour produire tout ce que nous connoif-fons, & beaucoup d'autres chofes que nous ne connoîtrons jamais* (39). Ah ! Monfieur le pédagogue des *harpes qui fe pincent elles-mêmes*, vous en êtes une bien digne, fans doute, de notre admi-ration : mais, foit dit fans vous *pincer très-fort*, vous rendez des *fons* bien difcordans ! Vos *cordes* ne font du tout point à l'uniffon, & votre mu-fique nous écorche furieufement les oreilles ! *Mens fana in corpore fano. Voilà*, avez-vous dit, *ce qui peut conf-tituer un bon citoyen* (40). Voilà, pour-roit-on vous dire, voilà ce qui fait l'homme raifonnable.

Vous avez fait mine de vous ré-

(39) *T. II ch. 5, p. 17, & 178.*

(40) *Tom. I, ch. 7, p. 107.*

concilier tant foit peu avec le bon fens dans votre chapitre *de la liberté de l'homme*, où après avoir établi ce principe fi lumineux, que, *pour être libre il faudroit que l'homme fût, tout feul, plus fort que la nature entiere, ou qu'il fût hors de cette nature*, &c. (41) vous faites de pénibles efforts pour répondre à quelques difficultés que vous ne pouviez pas vous difpenfer de vous faire, & qui ne font, cependant, que les plus triviales. Je ne fuis fâché que d'une chofe, c'eft que d'*athée* vous foyez devenu tout-à-coup *janfenifte* : *votre cerveau* étoit-il donc *paffagérement modifié*, dans ces triftes momens, comme celui de *Janfénius* & de *Quénel* ? Il eft vrai qu'il ne falloit rien moins que le fyftême de la *déleĉtation victorieufe* pour vous tirer du mauvais pas dans lequel vous vous étiez inconfidérément, ou, fi vous l'aimez mieux, *fatalement* engagé : au refte ce n'eft là qu'une diffonance de plus, que vous avez honnêtement renforcée dans votre chapitre du *fatalifme*.

J'ai bien voulu parier avec un de vos zélés partifans, qui n'a pas le bonheur de vous comprendre, que vous n'aviez pas pris garde, qu'en rappro-

(41) *Tom.I. ch. II, p. 203.*

chant la doctrine que vous aviez adoptée
dans le chapitre *de la liberté de l'homme*,
de celle que vous enseignez dans celui
du *fatalisme* & dans tout le reste de
votre ouvrage, vous vous donniez un
démenti formel. *Si vous n'êtes pas encore
reproduit sous une infinité de formes nouvelles*, vous me feriez un singulier plai-
sir de décider la question. Je serois cependant bien sot si vous alliez me dire
que j'ai perdu la gageure : j'aurois, en
vérité, bien de la peine à vous en
croire ; j'ai si bonne opinion de vous,
que je n'imagine pas que vous soyez
capable de ménager si peu votre ré-
putation : quoique tout bien examiné
ce ne seroit pas votre faute, ce seroit
celle de votre *organisature* : n'importe,
j'aime mieux croire, pour votre honneur, que votre *organisature* s'est méprise, & que cette méprise n'est que
le *résultat* d'une de ces *modifications
passageres, causée par les impulsions des
êtres dont vous étiez pour lors entouré* :
par là je conçois mieux comment vous
avez été nécessité de tirer de la poussiere le vieux & très-vieux systême de
Métempsicose, ou de la *transmigration des
ames*, & de découdre, de rhabiller, de
rapiécer, de colorier celui du juif *Spi-*

F 4

noſa ; & je conçois mieux auſſi ce qui vous a décidé à vous mettre l'eſprit à la torture pour inſtruire, pour redreſſer de ſimples modifications, des formes accidentelles de cette *ſubſtance unique*, dont vous n'êtes vous-mêmes qu'une petite *excroiſſance* contournée comme il a plu à la néceſſité : mais je trouve, en conſéquence, que votre éditeur nous en impoſe bien groſſiérement en nous donnant votre ouvrage, *comme le plus hardi, le plus extraordinaire que l'eſprit humain ait oſé produire juſqu'à préſent.*[*] Il eſt clair, au contraire, que dans ce *jet*, & dans cette *combinaiſon* la *nature n'a fait que ramener* des *circonſtances* très-anciennes.

[*] Avis de l'Editeur.

Il eſt très-malheureux pour vous, Monſieur, que ces êtres *modaux*, que vous aviez entrepris d'éclairer, ſachent lire, réfléchir & comparer ; votre gloire y perd, vous paſſeriez pour un génie créateur, & on vous accorde à peine le titre de copiſte. Ce n'eſt pas dans l'*expérience*, c'eſt dans les écrits des *Penſeurs*, qui vous ont précédé, que vous avez puiſé votre ſyſtême. On pourroit le comparer à un ouvrage de marqueterie dont les pieces, quoique bien jointes, n'ont cependant aucun rapport entre elles,

& n'annoncent qu'un deſſin incorrect, mal conçu & plus mal encore exécuté: le vernis dont il eſt enduit eſt aſſez brillant, à la vérité; il éblouit au premier coup d'œil; mais la couche n'en eſt pas aſſez forte pour cacher l'ignorance & la mal-adreſſe de l'artiſte.

Cette digreſſion eſt un peu longue, Monſieur, je vous demande pardon pour elle; ç'a été une *modification paſſagere* de mon *cerveau* qui trouve ſa *raiſon ſuffiſante* dans les *impulſions* qu'il a reçues de votre ouvrage : lorſque je l'ai entamée cette digreſſion néceſſaire, j'étois ſur le point de vous faire une queſtion, très-néceſſaire auſſi; mais il y a eu *conflit* entre les *motifs*, & celui qui militoit pour la digreſſion l'a emporté comme le plus fort. Puiſque rien ne balance maintenant ma *détermination*, je vais vous faire, *néceſſairement*, cette queſtion *néceſſaire*.

En ſuppoſant, d'un côté, que *toutes les erreurs des hommes ſont des erreurs de phyſique*, & de l'autre, *que les hommes ne peuvent penſer & agir que conformément aux loix de leur eſſence particuliere*, quelle ſera la cauſe de leurs erreurs? Quels ſeront les moyens de les diſcerner? Et cette cauſe & ces

moyens une fois connus, quelle différence mettrez-vous entre l'erreur &
la vérité ? *Zéro*, Monfieur, *zéro*, fi
vous êtes conféquent. Et entre le vice
& la vertu ? *zéro*, encore, *zéro*. Vous
en rougirez peut-être : mais ne vous
alarmez pas, cette honte n'eft que le
dernier effort du préjugé ; comme vos
exhortations à la *vertu* ne font, & ne
peuvent être, dans vos principes, que
des facrifices que vous faites au refpect humain : vous n'avez pas, tout-
à-fait, ofé raifonner jufte. L'intérêt
perfonnel a un peu ralenti votre zèle ;
vos mains charitables ont foulevé une
partie du voile qui nous déroboit la
vérité, mais elles ont tremblé de le
déchirer tout entier : vous avez craint
de nous caufer une trop vive furprife.
Vous avez mieux aimé, par une feinte
ingénieufe, nous laiffer le foin de
vous deviner, & de dévoiler entiérement le myftere. Je ne fais pas, fi,
après l'avoir bien approfondi, nous
ne ferons pas en droit de nous écrier,
de toutes nos forces, c'eft un myftere d'iniquité.

Quoique fans expérience, je pourrois, Monfieur, vous faire à cet égard
un raifonnement *très-philofophique*, où

toutes les regles de la *logique* feroient
rigoureufement obfervées : mais je le
réferve pour une autre occafion, pourvu
toutefois que mon commerce ait le bonheur de vous plaire.

On vous a réfuté ; on a très - bien
fait fans doute, vous donniez trop de
prife contre vous pour qu'on redou-
tât de vous entamer : mais on vous
a réfuté férieufement ; & c'eft, en vérité, ce qui m'a furpris. Si les loix
de mon *organifation particuliere* me dé-
terminent à vous réfuter à mon tour,
je fuivrai, je vous jure, toute une
autre marche. Il ne faut, je penfe,
que plaifanter avec un homme qui fe
moque de nous. On vous a cru dangereux : fi ce n'eft pas là une méprife
du zèle, je dis que le genre-humain
eft parvenu au comble de l'ignorance
& de la malice. Je n'ai pas fi mauvaife opinion des hommes : j'aime
mieux croire qu'on vous a fait trop
d'honneur, & que vos principes ne
feront que glifler fur un efprit jufte. &
fur un cœur droit.

Si vous êtes dangereux, vous ne
l'êtes donc, Monfieur, que pour ces
hommes qui ne le font déjà que trop
par eux-mêmes, ou, portés à le de-

venir. Pour ces hommes, qui, *ne trou-*
vant aucun avantage à pratiquer la vertu.....
doivent néceſſairement aimer le vice qui les
rend heureux...... qu'il ſeroit inutile, par
conſéquent, peut-être même injuſte, de de-
mander qu'ils fuſſent vertueux, s'ils ne
peuvent l'être ſans ſe rendre malheu-
reux (42); pour ces hommes, qui n'é-
tant retenus que par le frein de la
crainte, ſe trouveront fort à leur
aiſe, en apprenant de vous que la
Divinité, n'eſt qu'une *chimere théologi-*
que; qu'il n'eſt pour eux, dans l'avenir, ni peines, ni récompenſes; que
tout ſe borne pour eux au préſent, & à
un bonheur purement phyſique qu'ils ſe
croiront en droit de ſe procurer par
toute ſorte de moyens, pendant le
court intervalle qu'ils peuvent en jouir;
que ces moyens ſont également légiti-
mes, parce qu'ils ſont également *né-*
ceſſaires, également ſoumis aux loix
du *fatalifme*, dont la force *irréſiſtible*
s'étend à tous les êtres, à toutes les
modifications, à toutes les révolutions,
à toutes les opérations des êtres; pour
ces hommes, en un mot, qui, inté-
reſſés à tirer de vos principes les conſéquences qui en découlent naturellement, n'attendoient peut-être que vos

(42) *Tom.I.*
ch. 9, p. 163.

leçons pour paſſer de la ſpéculation à la pratique, & pour porter par-là même le trouble & l'horreur dans la ſociété. S'ils deviennent les fléaux de leurs ſemblables, nous vous aurons, Monſieur, cette importante obligation, & nous nous féliciterons, & de vos *expériences* & de vos découvertes. Au reſte, ſi vos expériences ſont vraies, ils n'auront ſûrement pas tort, ils conformeront leurs mœurs à votre doctrine; & plus conſéquens que vous, ils feront, ou ils croiront faire du moins très-irréſiſtiblement & très-innocemment, ce que vous auriez dû, mais ce que vous n'avez pas oſé leur dire de faire. Vous êtes ſinguliérement adroit, vous avez trouvé le rare ſecret de faire des ſcélérats en prêchant la vertu. Il eſt vrai que vous la prêchez en *athée* & en *fataliſte*, & quoi que vous en puiſſiez dire, ces deux titres ſont très-faits pour décréditer vos pathétiques exhortations.

Heureuſement pour la ſociété, le *fataliſme* n'eſt ni le point d'appui des loix, ni le ſyſtême de ceux qui veillent à la ſûreté publique; & s'il eſt dans l'eſpece humaine beaucoup d'individus dont le *cerveau* ſoit en rapport d'ana-

logie avec vos principes, vous prépa-
rez une ample moiſſon à nos bourreaux. Auſſi, n'eſt-ce pas ſans raiſon
que vous vous élevez avec tant de
force contre la ſévérité des loix !
Rien n'eſt, en effet, plus compléte-
ment injuſte, rien n'eſt plus inconſéquent, que de punir de mort, un
homme qui n'eſt pas coupable, quelques crimes qu'il ait commis, puiſqu'il n'eſt pas libre. *On eſt en droit
de ſe garantir, & de ſe mettre en ſûreté.....
Mais la raiſon ſemble indiquer que la loi
doit montrer aux crimes néceſſaires des
hommes toute l'indulgence compatible avec
la conſervation de la ſociété...... les mé-
chans ſont des hommes dont le cerveau
eſt, ſoit continuement, ſoit paſſagérement
troublé;* il faut donc les traiter comme
des fous, c'eſt-à-dire, *les mettre pour
toujours dans l'impuiſſance de nuire* en
les privant de la liberté. Encore faut-il,
pour en venir là, qu'on *ait perdu tout
eſpoir de jamais les ramener à une conduite plus conforme au but de la ſociété* (43),
qu'on ait épuiſé tous les moyens de les
rendre meilleurs.

Ces moyens, Monſieur, ſont innombrables, ils ſont auſſi multipliés que
les cauſes qui influent ſur le *tempéra-*

(43) *Tom. I.
ch. 12, p. 249.*

ment, unique source des vices & des vertus des hommes. Ainsi, tout bien pesé, il n'y aura point de cas où la société soit en droit de priver de la liberté un de ses membres, & moins encore de lui ôter la vie, ou, pour parler plus correctement, suivant vos principes, d'arrêter par la violence, la force de la nécessité qui le rend nuisible & dangereux. Au lieu de juges, de *bourreaux* & de *geoliers*, nous n'aurons donc besoin que de bons *médecins*; au lieu de *tribunaux*, *d'échafauts*, & de *prisons*, il ne faudra que multiplier le nombre des *hôpitaux*; au lieu de *censures*, *d'exhortations*, de *reproches*, on ne devra employer que des *saignées*, des *purgations*, des *clysteres*, des *juleps*, &c. & tel régime qu'il appartiendroit & lorsqu'enfin tous les remedes seront en défaut (ce qui exigera plus d'une expérience, dont chacune pourra coûter les biens, & peut-être la vie à quelque citoyen), il suffira de transplanter le coupable dans un climat qui dérange par son influence toute l'économie animale de cet être nuisible, & qui le *ramene à une conduite plus conforme au but de la société.*

Heureuse indulgence ! charmante législation ! où l'on pourroit impunément massacrer, piller, voler, saccager, brûler, violer, &c. sous les bénins auspices du *fatalisme* & de la *nécessité*; aux périls & risques de se faire évacuer la bile, diminuer le volume du sang, de changer de nourriture, & au pis aller, d'essayer d'être vertueux hors de sa patrie. Oh, Monsieur, que vous êtes un bon homme ! & qu'il seroit doux de vivre sous des loix que vous auriez faites vous-même ! Je conviens qu'on ne seroit pas beaucoup en sûreté ; mais on auroit la liberté de prévenir le mal qu'on auroit à craindre en le faisant soi-même.

Je sais que vous ne nous parlez pas tout-à-fait ce langage. Mais, comme *fataliste*, vous n'êtes pas logicien, ou vous n'êtes pas sincere. Pour moi, si j'étois d'un tempérament plus fougueux ; si j'étois agité de ces grandes passions qui conduisent aux grands crimes ; si je me sentois, en un mot, organisé pour la scélératesse, & pour être l'ennemi des humains, je tiendrois inébranlablement à votre *code* : & en attendant qu'il fût mieux & plus généralement accueilli, je vous ren;

drois de très-humbles actions de graces
de ce que vous avez eu assez de force
d'esprit, pour en faire pressentir aux
hommes les précieux avantages. Je ne
vous cacherai pas cependant que, s'il
prenoit faveur, je vous choisirois pour
premiere victime de mon indispensa-
ble & innocente cruauté, dans la
crainte que dans quelque *modification
passagere* de votre *cerveau*, vous ne fus-
siez *nécessité* d'abroger des loix si salu-
taires.

Au reste, dans cette supposition, je
ne serois, moi, comme tous les êtres
que nous appellons communément
assassins, je ne serois qu'un *instrument
passif*, dont la *nature* se serviroit pour
vous dépouiller de vos ornemens, &
vous *forcer* à *disparoître*, parce que vous
auriez probablement *rempli la tâche
qu'elle vous avoit imposée.* Ne trouveriez-
vous pas bien drôle que je fus à cet
égard le *ministre* de la *nature?* Et quand
ensuite, au lieu de ragoûts succulens,
on me condamneroit, à ne manger
qu'un maigre bouilli, au lieu du Bour-
gogne & du Champagne, on me for-
ceroit d'avaler quelques bouteilles
de tisane de poulet, & autres cal-
mans de cette espece (car en bonne

regle, on ne devroit me faire rien de plus), la justice distributive ne vous paroîtroit-elle pas bien observée? N'y auroit-il pas une bien juste proportion entre l'effusion de votre sang, & la privation passagere de cette liqueur qui auroit armé mon bras? Au fond, si on me faisoit mourir, ma mort ne vous serviroit de rien, *elle seroit aussi inutile pour moi*, il n'est pas même bien décidé *qu'elle fût avantageuse à la société*. Je ne la craindrois pas, d'ailleurs ; vous m'avez trop bien prémuni contre ces prétendues horreurs que le préjugé lui prête, & contre les suites chimériques que les théologiens prétendent qu'elle peut avoir. Je la craindrois si peu, que si j'éprouvois quelques remords, je me punirois moi-même de cette foiblesse, & que me croyant très-malheureux, puisque le vice même s'opposeroit à mon bonheur, *un fer seroit mon unique ressource* (44). Ainsi le plus court seroit de me laisser *décrire paisiblement le cercle des changemens que la nature trace aux êtres de mon espece.* Mais, peut-être, aurois-je aussi pour lors *rempli ma tâche*, & qu'il seroit tems, que quelqu'autre *instrument passif* me fît disparoître. Je n'aurois

(44) *Tom. I. ch. 14, p. 330.*

pas lieu de m'en plaindre. Qui fait même fi, difparoiffant avec vous, nos *molécules* ne s'accrocheroient pas en chemin, & s'il n'en réfulteroit pas, fous la main induftrieufe de la *nature*, quelque *jet* extraordinaire ? Une *harpe qui fe pinceroit elle-même*, par exemple ?

Raffurez-vous cependant, Monfieur, la *nature* ne m'armera jamais, ni de fer ni de poifon ; elle m'a *organifé* pour la bienfaifance & la paix ; j'oferois même dire, pour la bonhommie. Si elle m'impofe quelque *tâche* à votre égard, je la remplirai fans qu'il vous en coûte une goutte de fang. Ce ne feroit pas après tout le vôtre que je voudrois verfer ; je refpecte trop les chefs-d'œuvre de la *nature* : s'il faut vous en croire, elle n'en fait pas fi fouvent ; les êtres tels que vous font rares, *parce que dans l'ordre des chofes, les circonftances néceffaires, ou le concours des caufes productrices de ces êtres n'arrivent que rarement* (45). Quoiqu'entre nous, la *nature* paroît fe familiarifer depuis quelque tems avec ces *jets* rares, nous voyons de nos jours beaucoup de cerveaux *organifés* pour l'*athéifme*, comme nous en voyons beaucoup *d'organifés* pour le libertinage. Ne faudroit-il pour

(45) *T. II. ch. 5, p. 177.*

l'un & pour l'autre qu'un seul & même *jet* ? Vous avez trop bien pénétré la marche de la *nature*, pour nous laiſſer ignorer long-tems la ſolution de cet intéreſſant problême.

Je ſuis peut-être indiſcret de vous demander tant de choſes ? Mais réſolu de meſurer en plein ma logique avec la vôtre, il faut que vous vous accoutumiez de bonne heure à mes queſtions. C'eſt une témérité, ſans doute à moi de vouloir lutter avec vous ; mais *tout ramene à l'indulgence celui que l'expérience a convaincu de la néceſſité des choſes..... le fataliſte n'eſt point en droit d'être vain de ſes propres talens ou de ſes vertus, il ſait que ces qualités ne ſont que des ſuites de ſon organiſation naturelle, modifiée par des circonſtances qui n'ont nullement dépendu de lui. Il n'aura ni haine ni mépris pour ceux que la nature & les circonſtances n'auront point favoriſés comme lui* (46).

(46) Tom.I. ch. 12, p. 262.

D'après cet humble portrait que vous faites de vous-même, je ſuis tranquille, Monſieur, je ſuis très-aſſuré que vous ne ſerez point offenſé de mes plaiſanteries. Si vous y trouvez du ſel, vous en rirez tout le premier : ſi, au contraire, elles vous paroiſſent fades

& infipides, vous n'y verrez *que l'ac-*
tion & la réaction néceffaire du phyfique
fur le moral, & du moral fur le phyfi-
que (47), c'eft-à-dire, *l'action* & la
réaction de l'homme fur lui-même, ou,
de la *néceffité* fur l'homme & de
l'homme fur la *néceffité.* Car vous fa-
vez très-bien, *qu'on a vifiblement abufé*
de la diftinction du phyfique & du moral,
que l'homme eft un être purement phyfi-
que, & que *l'homme moral n'eft que*
cet être phyfique confidéré fous un cer-
tain point de vue, c'eft-à-dire, *relative-*
ment à quelques-unes de fes façons d'a-
gir dues à fon organifation particuliere;
& comme *cette organifation eft l'ouvrage*
néceffaire de la nature, comme *les façons*
d'agir de l'être organifé font des effets né-
ceffaires de fon organifation & de fon
méchanifme propre (48), il s'enfuit que
l'action & la réaction du phyfique fur
le moral, & du moral fur le phyfique,
n'eft précifément que *l'action & la réac-*
tion de la *néceffité* fur l'homme, &
de l'homme fur la *néceffité.* Ce feroit
à vous maintenant à nous dire, fi
l'homme, cet *inftrument paffif, entre*
les mains de la néceffité peut *agir* &
réagir fur elle? Pour moi, je n'ai fait
cette obfervation que pour éviter une

(47) *Ibid. p.* 263.

(48) *Tom. I. ch. I, p. 2.*

méprife, & qu'on *n'abufât* encore *de la diftinction de l'homme phyfique & de l'homme moral.*

Penfez-vous, Monfieur, que cette petite remarque foit inutile, & que la conféquence foit mal déduite ? Si cela étoit, ce ne pourroit être qu'un défaut *d'expérience, un effet naturel, une fuite néceffaire d'une organifation vicieufe,* que je voudrois bien qu'il vous fût poffible de rectifier. Mais ce *vice* eft malheureufement *néceffaire* pour que je fois tel que je fuis, & que je *differe effentiellement* de vous. *Je ne puis penfer autrement que je penfe, ni agir autrement que j'agis ;* vous devez me fupporter. *C'eft au fatalifte à être humble, modefte & indulgent par principe* (49).

(49) *Tom. I. ch. 12, p. 262.*

Si vous pouviez perdre de vue, Monfieur, cette belle fentence, je vous prierois de vous rappeller l'admirable comparaifon que vous faites dans la note 41 de votre fecond volume. Les hommes font, dites-vous dans cette note, qui mérite fûrement plus d'une épithete ; les hommes font des *dés pipés.* Chacun d'eux doit donc *néceffairement* fe préfenter toujours fous une certaine *face* : mais *pipés* différemment, ils doivent tous préfenter une face différente ; parce que les *molécules* dont ils font compofés *étant effentiellement variées par elles-mêmes, & par leurs combinaifons, elles font pipées, pour ainfi dire, d'une infinité de façons.* Ainfi tel eft *pipé* pour la vertu, tel autre pour la fcience, celui-ci pour le vice & celui-là pour la ftupidité, un autre pour la fageffe, & un fixieme pour la folie, quelques - uns, pour être utiles, & beaucoup pour nuire à la fociété, &c. Et on ne doit pas être plus furpris de cette différence parmi les hommes, que de *voir fortir du même cornet cent mille dés, préfentant cent mille fix de fuite, s'ils étoient tous pipés pour cette combinaifon.*

Voilà précifément notre cas, Monfieur, & voilà ce qui nous juftifie, vous, d'être *athée,* & moi *déicole ;* vous d'avoir écrit d'un ftyle nerveux & avec tous les charmes de l'éloquence, un livre plein de contradictions, d'inconféquences, de contre-vérités, de paradoxes, peut - être même de mauvaife foi ; & moi, de vous écrire une lettre, à laquelle vous donnerez telles qualifications qu'il vous plaira, pour vous annoncer que je me difpofe à vous combattre. La différence de nos idées ne dépend pas de nous, elle trouve *sa raison suffisante* dans la maniere plus qu'involontaire dont nous avons été *pipés* par la *nature.*

Voilà aussi, si j'osois vous le dire en passant, voilà ce qui justifie les auteurs des religions, des législations, des dogmes, des systêmes, qui vous révoltent. La tête de *Moïse*, ou la tête de *Jesus-Christ* *n'ont été que des assemblages de molécules; ou si l'on veut, des dés pipés par la nature, c'est-à-dire, des êtres combinés & élaborés de maniere à produire le pentateuque ou l'évangile :* comme la tête *d'Homere* ou la tête *de Virgile*, ont *été pipées pour produire l'Iliade ou l'Enéide.*

Il est étonnant qu'après de pareils principes (dont vous ne m'accuserez pas certainement de faire une fausse application), il est étonnant, dis-je, que vous n'ayiez pas compris que vos déclamations étoient déplacées ; & que vous outragiez la *nature* en vous déchaînant contre des *cerveaux* qu'elle avoit *combinés, élaborés, pipés,* en un mot, elle-même. D'ailleurs, Monsieur, sauf le respect qui vous est dû, vous êtes un peu partial; & cela n'est pas décent pour un *fataliste, que tout doit*

ramener

ramener à l'indulgence. Vous auriez bien pu laisser tranquille la tête de Moïse, celle de Jésus-Christ & de leurs partisans. Comme vous avez laissé celle d'Homere & de Virgile. En supposant que la tête des premiers ait été mal pipée ; c'est à la *nature* & non pas à eux qu'il falloit s'en prendre. Ils ont *rempli leur tâche*, ils ont suivi *les loix de la nécessité, en suivant celles de leur organisation*, tout ce qu'ils ont fait & dit, étoit *le résultat d'une de ces combinaisons que la nature fait pendant une éternité.* Qu'aviez-vous à leur dire ? Mais peut-être êtes-vous *pipé* pour fronder, à peu de choses près, toute la *piperie* de la *nature ?* En ce cas, la *nature*, en vous *pipant*, a fort mal entendu ses propres intérêts ; elle est une sotte de vous avoir *pipé* pour être son *Zoïle.* N'auriez-vous pas dû vous contenter d'être son scrutateur, & son panégyriste ; mais il faut que vous mettiez de la contradiction par-tout.

Vous me direz, peut-être, qu'elle vous a *pipé* nécessairement & sans le vouloir, & que vous frondez aussi nécessairement ses productions ; en même tems que vous exaltez sa puissance. A la bonne heure, sans être *fataliste*, je suis *indulgent*, je vous excuse. Mais tout le monde est excusable, & moi aussi : ou votre système est faux.

Je m'arrête ici, Monsieur, cette lettre n'est point une réfutation, ce n'est qu'une légere ébauche des réflexions que j'ai faites sur votre ouvrage. Si vous êtes encore au nombre des vivans, vous m'obligerez infiniment de me faire connoître ce que vous en pensez ; à votre défaut, je fais la même priere à ceux qui vivent, & qui sont vos juges & les miens. Leur suffrage m'enhardira, & si je ne l'obtiens pas, je me réduirai sans peine au silence. Je ne suis pas *fataliste*, mais je ne suis pas vain ; je ne suis pas *pipé* pour me croire de grands talens : je ne me pique que de penser, de réfléchir, & de raisonner juste. Si cela suffisoit pour être raisonnable, je prendrois volontiers ce titre : mais il faut encore de *l'expérience*, sans laquelle on ne peut pas même savoir si on raisonne ; & c'est précisément ce qui me manque ; j'entends du moins, cette *expérience* dans laquelle vous avez puisé votre *système*. Que faire, Monsieur, c'est un malheur. *Non omnibus licet........* Tout le monde n'est pas aussi-bien *pipé* que vous, tout le monde n'a pas une affez grande force de *raifon* pour faire des *expériences vraies*, ni affez *d'expérience* pour avoir de la *raifon*. Auffi, Monfieur, je rends de très-bon cœur hommage à votre *raifon* & à votre *expérience*; je vous admire comme un de ces *êtres merveilleux & rares* que la *nature* ne produit qu'avec effort, & dont elle ne met que très-rarement en *jeu* les *caufes productrices*. En un mot, & pour ne pas fortir de votre incomparable comparaifon, je vous regarde comme tenant le premier rang parmi les *dés pipés* par la *nature*: je fuis conféquemment, en attendant l'honneur de m'entretenir plus amplement avec vous, avec toute la confidération & toute l'eftime qu'on doit à un *dé* fi finguliérement *pipé*, je fuis, dis-je, comme *un* eft à *fix*,

M O N S I E U R,

Votre très-humble & très-obéiffant ferviteur,
R*****

autant de fois que bon lui semblera, & de le faire
vendre & débiter par tout notre Royaume, pendant le tems de cinq années consécutives, à
compter du jour de la date des Présentes. Fai-
sons défenses à tous Imprimeurs, Libraires &
autres personnes, de quelque qualité & condition
qu'elles soient, d'en introduire d'impression
étrangère dans aucun lieu de notre obéissance:
A la charge que ces Présentes seront enregistrées
tout au long sur le Registre de la Communauté
des Imprimeurs & Libraires de Paris, dans trois
mois de la date d'icelles; que l'impression dudit
Ouvrage sera faite dans notre Royaume, & non
ailleurs, en bon papier & beaux caracteres; que
l'Impétrant se conformera en tout aux Réglemens
de la Librairie, & notamment à celui du 10 Avril
1725, à peine de déchéance de la présente Permission; qu'avant de l'exposer en vente, le Manuscrit qui aura servi de copie à l'impression dudit
Ouvrage, sera remis dans le même état où l'Approbation y aura été donnée, ès mains de notre
très-cher & féal Chevalier Garde des Sceaux de
France, le Sieur HUE DE MIROMENIL; qu'il en
sera ensuite remis deux exemplaires dans notre
Bibliotheque publique, un dans celle de notre
Château du Louvre, un dans celle de notre très-
cher & féal Chevalier Chancelier de France,
le Sieur DE MAUPEOU, & un dans celle dudit
Sieur HUE DE MIROMENIL; le tout à peine de
nullité des Présentes: du contenu desquelles vous
mandons & enjoignons de faire jouir ledit Ex-
posant & ses ayans causes, pleinement & paisiblement, sans souffrir qu'il leur soit fait aucun
trouble ou empêchement. Voulons qu'à la Copie
des Présentes, qui sera imprimée tout au long,
au commencement ou à la fin dudit Ouvrage,
foi soit ajoutée comme à l'Original. Comman-

dons au premier notre Huiſſier ou Sergent ſur
ce requis, de faire pour l'exécution d'icelles,
tous actes requis & néceſſaires, ſans demander
autre permiſſion, & nonobſtant clameur de
Haro, Charte Normande & Lettres à ce contraires : CAR tel eſt notre plaiſir. DONNÉ à Paris,
le ſeizieme jour du mois d'Août, l'an de grace
mil ſept cent quatre-vingt, & de notre Regne
le ſeptieme. Par le Roi en ſon Conſeil.

LE BEGUE.

*Regiſtré ſur le Regiſtre XXI de la Chambre
Royale & Syndicale des Libraires & Imprimeurs
de Paris, N°. 2072, fol. 360, conformément
aux diſpoſitions énoncées dans la préſente Permiſſion, & à la charge de remettre à ladite Chambre
les huit exemplaires preſcrits par l'Article CVIII
du Réglement de 1723. A Paris, ce 22 Août 1780.*

LECLERC, Syndic.

De l'Imprimerie de STOUPE, rue de la Harpe.

TABLE

DES CHAPITRES

CONTENUS DANS CET OUVRAGE.

Fin de la Table.

PRÉFACE,

PRÉFACE.

L'HISTOIRE Sacrée, eſt ſans doute l'hiſtoire la plus intéreſſante pour l'homme, & pour le Chrétien ſur-tout; elle eſt cependant la plus négligée; on ſe pique de ſavoir l'hiſtoire des Grecs & des Romains; on s'appeſantit ſur les annales des différens Peuples, & les annales du Peuple de Dieu (que tous les peuples devroient regarder comme les leurs propres, puiſque ce peuple, le plus ancien, quoi qu'on diſe, de tous, a donné naiſſance à tous les peuples de l'univers); les annales, dis-je, du Peuple de Dieu ſont preſque généralement oubliées. Les faits qu'elles renferment ne ſont-ils pas dignes de notre curioſité? Le code des loix

A

qui y est déposé, n'est-il pas propre à nous instruire de ce qu'il nous importe le plus de savoir? Le culte qui y est prescrit, les promesses qui y sont consignées, les oracles qui y sont exprimés, sont-ils des objets qui nous soient étrangers? Non sans doute. Pourquoi donc cette espece d'indifférence pour des livres qu'on devroit sans cesse avoir entre les mains, puisqu'ils nous transmettent la parole du Dieu que nous adorons? C'est ce qu'il n'est pas aisé de concevoir. Si on accoutumoit de bonne heure les jeunes gens à cette lecture, si on faisoit de l'Histoire Sacrée le fondement de leur éducation, & la base de leurs études; si ceux qui sont chargés de la partie de l'instruction publique; si les maîtres & maîtresses, en un mot, s'étudioient à inculquer à leurs éleves de l'un & de l'autre sexe, la néceffité, l'utilité, les agrémens même de cette science, on en feroit peut-être plus de cas dans un âge plus avancé, & nous ne gémirions pas fur le mépris général dans lequel elle eft tombée.

J'ai été dans le cas de m'appercevoir de la négligence des maîtres à cet égard, & j'ai cru en pénétrer le motif; je me garderai bien de le rendre public; mais en leur facilitant les moyens de remplir une portion fi effentielle de leur devoir, je les rendrai inexcufables.

J'avois ébauché cette analyfe pour des jeunes perfonnes dont l'éducation me tenoit fort à cœur: j'ai été furpris du bien qu'elle a produit, & j'en ai conçu l'idée de l'étendre à tous ceux qui voudront en profiter, en retouchant mon ouvrage, & le confacrant à l'ufage de mes freres. J'ai fait tous mes efforts pour le rendre inftruc-tif, & pour le mettre à la portée de tous les efprits : c'eft à ceux qui le liront à juger fi j'ai manqué mon but.

La forme que je lui ai donnée, m'a paru la plus fimple, & la plus propre à fixer tout à la fois l'intelligence & la mémoire des jeunes gens pour lefquels je l'ai entrepris : celle de nos catéchifmes m'a fervi de regle. Je n'ai pas voulu cependant dans certains endroits, multiplier les demandes, parce que je n'aurois pu que les rendre mono-tones ; j'aurois d'ailleurs été forcé

de faire un ouvrage plus long, &
d'interrompre la fuite des faits, ce
qui auroit été, felon moi, un défaut beaucoup plus grand, que
celui dans lequel je fuis tombé :
fi toutefois c'en eft un.

Je ne crois pas, après un mûr
examen, qu'il me foit rien échappé
de contraire à la foi chrétienne ;
fi cependant, borné comme je le
fuis, dans cette partie, il s'étoit gliffé
quelque chofe dans cette analyfe
qui n'y fût point conforme, ce ne
feroit qu'une fuite de mon ignorance, & non pas un crime de ma
volonté ; je le rétracte, je le condamne par avance, en attendant
de foufcrire au jugement que des
perfonnes plus éclairées que moi en
porteront ; je me foumets de très-
bon cœur à leur cenfure, & elles

me trouveront très-difposé à profiter de leurs avis.

Je terminerai ce petit bout de Préface, en exhortant la jeuneffe chrétienne à ne pas rendre mon travail infructueux ; fon plus grand bien, feul motif qui me guide, eft auffi le feul objet de mon ambition.

ANALYSE

DE
L'HISTOIRE SACRÉE

DEPUIS
L'ORIGINE DU MONDE,

JUSQU'A LA VENUE DU MESSIE.

CHAPITRE PREMIER.

De l'Histoire Sacrée en général.

Dem. QU'EST-CE que l'Histoire Sacrée ?
Rép. C'est l'Histoire la plus intéressante
pour l'homme, & la seule qui lui dé-
veloppe, avec certitude, des vérités,
qu'il ne peut ignorer sans crime, &
qu'il ne sauroit ni trop méditer, ni trop
approfondir.

A 4

D. Quelles sont les vérités les plus importantes, que l'Histoire Sacrée nous apprend ?

R. Elle nous dépeint l'état heureux dans lequel l'homme a été créé, par la seule libéralité de son Créateur : juste, innocent, destiné à un bonheur infini ; sa triste chûte par le péché, source funeste de tous les maux ; sa réparation future par un médiateur, mystérieusement promis à notre premier pere : elle nous fait voir la terre inondée par un déluge universel, en punition de ses crimes, qui, malgré ce châtiment, se reproduisirent encore avec plus de force, à mesure que le genre-humain se multiplia.

D. Comment Dieu se manifesta-t-il aux hommes ?

R. Il se choisit un peuple, pour le rendre dépositaire de sa Religion ; il en fut lui-même le Chef & le Législateur ; il le conduisit d'une maniere toute singuliere, & lui fit part de ses mysteres, & de l'ordre de ses desseins, lui annonça le Libérateur promis, dont le royaume subsistera éternellement ; il voulut enfin que ce Peuple, par sa sortie d'Egypte, son séjour dans le désert, son entrée dans la terre promise, ses guerres, ſes conquêtes, ſa longue captivité à Babylone, & ſon retour dans ſa patrie; par tous les états, en un mot, par leſquels il le fit paſſer; il voulut, dis-je, que ce Peuple nous offrît en tout la figure de l'Egliſe, & de tout ce qui devoit accompagner ſon établiſſement.

D. Quelles preuves Dieu donna-t-il à ſon peuple pour le convaincre qu'il lui avoit révélé ſes volontés?

R. Il le convainquit par les prophéties & les miracles; preuves les plus fortes, les moins équivoques, & les plus faciles à ſaiſir; parce qu'il ne faut que des ſens & de la raiſon pour juger de leur exiſtence & de leur vérité. Les miracles les plus célebres furent atteſtés par des fêtes ſolemnelles; le paſſage de la mer Rouge, par exemple, le fut par la cérémonie de la Pâque, & par le cantique de Moïſe.

Les prophéties portoient le caractere de la toute-puiſſance Divine, comme les miracles: on vit des hommes inſpirés de Dieu annoncer l'avenir & preſque toujours des malheurs à Iſraël & à Juda; ainſi fut prédite la deſtruction totale des dix Tribus, la captivité de Babylone, &c.

A 5

D. *Quel est le fruit qu'on doit tirer de la connoissance de l'Histoire Sainte?*

R. Elle doit servir, 1°. à nous convaincre de l'existence d'un Dieu, & de ses inénarrables attributs, comme son unité, sa toute-puissance, sa bonté, sa miséricorde, sa justice, sa patience, sa sainteté par excellence, sa science infinie de tous les tems, & particuliérement sa providence; 2°. nous devons observer avec S. Paul, que cette histoire est le type & la figure de la Religion de J. C. qui étoit lui-même la fin de la Loi; que les faits que cette histoire renferme ont une connexion essentielle avec le Christianisme, & en sont comme le fondement & la base. Réflexion bien propre à en faire naître une infinité d'autres, & d'affermir les esprits dans la foi de la Religion.

Pendant les deux premiers mille ans, la vraie Religion se conserva par la seule tradition, c'est-à-dire, par les soins religieux que les peres avoient de raconter à leurs enfans les merveilles que Dieu avoit opérées en leur faveur, & dont ils avoient été les témoins; ces faits ainsi transmis, & avec la plus grande fidélité, parvinrent successivement jusqu'à Moïse, qui les rédigea par écrit, par l'ordre de Dieu même : auffi les premiers livres de l'Ancien-Teftament ne font, à proprement parler, que l'expofé de ces faits. Les préceptes de morale viennent après, les livres des prophetes fuivent. Par-tout, l'ordre des tems eft fuivi, & la parole de Dieu fe fait fentir avec cette force, que l'impie même ne fauroit éluder. Le premier livre commence par la création du monde ; le dernier finit par l'efpérance du dernier avénement de J. C.

CHAPITRE II.

De la Création de l'Univers.

D. *Quelle idée devons-nous nous former de la Création ?*

R. Il n'eft point d'image plus fublime que celle que nous fournit ce premier fait de l'Hiftoire Sacrée : Dieu, dit Moïfe, fortit de fon repos éternel, & à fa parole, nous voyons paroître un nombre infini de créatures, qui, par leur diverfité & leur perfection, nous pénetrent de refpect, d'admiration & d'amour pour l'Etre adorable qui les forma.

D. En combien de jours Dieu créa-t-il le monde, & tout ce qu'il renferme ?

R. Il auroit pu le créer dans un seul instant, par sa toute-puissance, & dans le même état de perfection qui nous frappe ; mais il voulut employer six jours à ce grand ouvrage, & se reposer le septième, pour marquer à l'homme le tems qu'il devoit donner au travail, & qu'il ne devoit cesser de travailler que pour glorifier son Créateur.

D. Quel fut l'ouvrage du premier jour ?

R. Dieu créa ce jour-là, le Ciel & la Terre ; il fit la lumiere, & la divisa d'avec les ténebres, en disant ; que la lumiere soit faite, & la lumiere fut faite.

D. Qu'entendez-vous par ces paroles ?

R. J'entends que Dieu marqua un ordre entre les ténebres & la lumiere ; il sépara les tems & les régla : puisque l'écriture dit que du soir & du matin se fit le premier jour.

D. Qu'est-ce que Dieu créa le second jour ?

R. Il créa le firmament auquel il donna le nom de ciel, & il divisa les eaux du ciel d'avec celles de la terre ; c'est-à-dire que Dieu fit évaporer une grande partie des eaux qui environnent le globe de la terre ; & ces eaux fubtilifées par l'ordre du tout-puiffant, s'éleverent dans les airs, & formerent cette voûte azurée, que l'écriture appelle ciel, ou firmament.

D. *Qu'eft-ce que Dieu fit le troifieme jour ?*

R. 1°. Il fépara les eaux de la terre, & leur traça l'efpace qu'elles devoient occuper, en leur prefcrivant de n'en fortir jamais ; 2°. il rendit la terre, auparavant ftérile, propre à produire toutes fortes d'arbres & de plantes, portant leurs femences pour fe perpétuer jufqu'à la fin des fiecles.

D. *A quoi Dieu s'occupa-t-il le quatrieme jour ?*

R. Il fit le foleil, la lune, les autres planetes & les étoiles. Il fixa dans le firmament ces corps lumineux, pour féparer le jour d'avec la nuit : pour marquer les tems & les faifons, les jours & les années. Le foleil fut donc créé pour éclairer la terre, pour régler les occupations de l'homme, & lui défigner le tems qu'il doit donner au travail & au repos. C'eft à la vue de ces merveilles, que le Prophete roi s'écrie, que les cieux annoncent la gloire de Dieu, & que la terre publie les merveilles de fa puiffance.

D. Comment Dieu remplit-il le cin-
quieme jour ?

R. Dieu créa ce jour-là les poiffons de
la mer & les oifeaux du ciel, c'eft-à-
dire, qu'il voulut que ces deux élémens
fuffent peuplés par une infinité d'êtres
vivans deftinés à embellir l'univers, &
à fervir aux befoins de l'homme, qu'il
fe propofoit de former.

D. Quel fut enfin l'ouvrage du fixieme
jour ?

R. Les animaux & les reptiles de la
terre furent créés pour l'ufage de
l'homme, qui fut créé le dernier, comme
un abrégé de l'univers & le chef-d'œuvre
de la puiffance & de la fageffe du créateur du monde. Ce Dieu bienfaifant
créa l'homme à fon image & à fa reffemblance, ce qui ne peut s'entendre que
de la partie materielle de l'homme,
puifque Dieu eft un pur efprit. D'où
il eft aifé de conclure que l'homme a
quelque chofe de plus que les organes
extérieurs qui nous frappent ; en effet,
l'écriture nous dit clairement, que Dieu
unit au corps de l'homme, un efprit
intelligent, en répandant fur lui ce
fouffle de vie, qu'il tira comme de fon
propre fonds. Par cette partie de fon être,
l'homme differe effentiellement de la

matiere : il est entre sa nature, & celle des animaux, une distance infinie. Il reçut la raison pour l'éclairer dans ses actions & dans ses démarches ; le don admirable de la parole, pour développer ses pensées ; la mémoire pour se rappeller du passé, & pour avoir toujours comme présens, les objets qui avoient frappé ses sens.

Outre la nature de son esprit, la justice, l'innocence, les sentimens de religion furent encore des traits qui le rendirent conforme à l'image, sur laquelle il fut créé : conformité au reste, qu'on ne doit pas prendre dans toute son exactitude ; parce que l'homme n'approchera jamais de la Divinité. Ce ne peut être par conséquent, qu'une conformité relative, c'est-à-dire, une legere esquisse des perfections de l'Eternel, dont l'homme seul avoit été gratifié, par préférence à tous les êtres vivans, & qui le rendoit supérieur à toutes les créatures.

CHAPITRE III.

De la Création des Anges.

D. *Qu'est-ce que les anges ?*

R. Ce sont des substances, entièrement dépouillées de la matiere, des intelligences actives, que Dieu a créées pour célébrer éternellement sa gloire & ses louanges, pour exécuter ses ordres suprêmes, & pour veiller à la garde des hommes.

D. *Quelle preuve a-t-on que Dieu ait créé des anges ?*

R. L'écriture nous en fournit plusieurs de leur existence : on voit dans la Genèse, que trois anges visiterent Abraham, pour lui prédire qu'il auroit un fils : deux anges délivrerent Loth de l'incendie de Sodome : un ange fut envoyé pour consoler Agar, lorsqu'Abraham la renvoya, & lui ordonna de prendre soin de son fils Ismaël : Abraham fut retenu par un ange, dans le moment qu'il alloit immoler son fils Isaac : Dieu envoya un ange à Gédéon pour déclarer qu'il délivreroit Israël de la puissance des Madianites : un ange apparut à la mere de Samſon, pour lui annoncer la naiſſance d'un fils : l'ange Raphaël accompagna le fils de Tobie dans ſon voyage : David parle du miniſtere des anges dans pluſieurs endroits de ſes pſeaumes. Saint Paul en parle auſſi de la maniere la plus expreſſe : nous ſavons enfin qu'un de ces eſprits fut chargé d'annoncer à Marie, le grand myſtère de notre rédemption.

D. En quel tems peut-on croire que les anges furent créés ?

R. L'Ecriture n'en parle point, & ne les comprend point dans les ouvrages de la création ; nous n'avons par conſéquent rien de poſitif là-deſſus : nous ſavons cependant, d'après le quatrieme concile de Latran, que Dieu créa, dès le commencement, la nature ſpirituelle, compriſe, ſelon ſaint Auguſtin (*de Geneſ. ad litt.*) ſous le mot *ciel*, du premier verſet de la Genèſe ; & la corporelle, ou la *matiere* déſignée par le mot *terre.* Il paroît raiſonnable que ces eſprits céleſtes aient été créés avant le monde matériel : quelques auteurs prétendent qu'ils ont été créés avec la lumiere, c'eſt-à-dire, le premier jour ; Dieu ayant voulu ſe procurer des ſpectateurs de ſes merveilles.

D. *N'avons-nous rien de plus à savoir sur les anges ?*

R. La foi nous apprend la chûte & le châtiment d'une partie de ces sublimes intelligences, qui par un esprit d'orgueil, prétendoient s'égaler à Dieu même, & refuserent au Verbe éternel, au sentiment de quelques docteurs, les adorations qui lui étoient dues.

D. *Quelle a été la peine d'un si grand crime ?*

R. La perte de leur bonheur & de leur gloire, qui a été suivie d'un malheur inexprimable, & d'une honte, d'un désespoir qui n'auront pas plus de bornes, que leur malheur & leur supplice.

CHAPITRE IV.

De l'état d'innocence du premier homme
& de sa chûte.

D. *DANS quel état Adam fut-il créé ?*

R. Il fut créé dans un état de justice & d'innocence.

D. *Quelles étoient les prérogatives de cet état ?*

R. L'amour du bien & du vrai, &

l'ignorance de l'erreur & du mal : une parfaite subordination de la partie inférieure à la partie supérieure, c'est-à-dire, de la chair à l'esprit ; une rectitude dans toutes les facultés de l'ame, une union, un commerce intime avec Dieu, enfin l'immortalité ; c'est-à-dire, la faculté de ne pas mourir ; une exemption par conséquent, de tout ce qui pouvoit troubler sa félicité, tant du côté du corps, que du côté de l'esprit.

D. Dans quel endroit de la terre l'homme fut-il placé après sa création ?

R. Dans un jardin situé, dit-on, sur les confins de la Mésopotamie, que l'Ecriture appelle un paradis de délices, où l'homme trouvoit tout ce qui pouvoit flatter ses sens, satisfaire son esprit & l'entretenir dans cet état de bonheur, que nous venons de décrire : Dieu lui donna un empire absolu sur tous les animaux, & lui permit de disposer, pour son usage, de toutes les productions de la terre.

D. Adam resta-t-il long-tems seul ?

R. Non : Dieu lui procura bientôt une compagne, en la personne de la première femme, qu'Adam lui-même appella Eve. Elle avoit été formée d'une de ses propres côtes, que Dieu lui tira après l'avoir plongé dans un profond sommeil, & ce fut-là le dernier ouvrage du créateur, après lequel il se reposa.

D. Eve fut-elle créée dans le même état de bonheur que le premier des hommes ?

R. Oui, & ces deux premieres créatures, dans cet état de perfection, n'étoient occupées qu'à glorifier, à l'envi, leur auteur, & à lui rendre graces des dons magnifiques qu'elles en avoient reçus.

D. Adam & Eve persévererent-ils long-tems dans l'état d'innocence ?

R. Non : Dieu voulut mettre à l'épreuve les sentimens de leur reconnoissance. Au milieu de cette multitude d'arbres, charmans à la vue, qui faisoient l'ornement de ce lieu de délices, il en étoit deux singuliers : l'un appellé l'arbre de vie, dont les fruits étoient destinés à rétablir les forces de l'homme, & à le rajeunir, pour ainsi dire : l'autre qui portoit le nom de la science du bien & du mal ; nom qui étoit une espece de prédiction, de l'effet que devoit produire son fruit : Dieu déclara donc à Adam, qu'il lui permettoit de manger du fruit de tous les arbres plantés dans le jardin : mais qu'il lui défendoit de toucher à l'arbre de la science du bien & du mal ; le menaçant, que dès l'inſtant qu'il en auroit mangé, il ſeroit déchu de tous ſes privileges, & aſſujetti à la mort. L'homme viola la loi que le Créateur lui avoit impoſée, & ſon bonheur s'évanouit.

D. Quel fut le principe de la déſobéiſſance d'Adam ?

R. L'eſprit de ténebres, le chef ſans doute de cette troupe d'eſprits rebelles, dont nous avons décrit le châtiment & le crime, jaloux de l'heureuſe condition du premier homme, mit tout en uſage pour l'en faire décheoir. Caché ſous la figure du ſerpent, il s'adreſſa à la femme, comme à la plus foible, & la ſollicita de tranſgreſſer la défenſe du Seigneur, ſous la promeſſe frauduleuſe, que ſi elle & ſon mari mangeoient du fruit défendu, ils deviendroient ſemblables à Dieu, ſachant le bien & le mal. Soit ſéduction, ſoit orgueil, ſoit une vaine curioſité, elle ſe rendit aux diſcours du ſéducteur ; & après avoir mangé de ce fruit, qui la flattoit par ſa beauté, elle détermina le trop complaiſant Adam à devenir complice de ſon crime, & elle fut ainſi la cauſe de la chûte d'Adam, comme le ſerpent l'avoit été de la ſienne.

D. *Quelles furent les suites de cette désobéissance?*

R. Dieu ne laissa pas long-tems les coupables dans l'impunité ; dès l'instant leurs yeux furent ouverts, & la honte de leur nudité, fut la premiere peine de leur crime ; l'erreur suivit bientôt : & après s'être revêtus de feuilles de figuier, ils crurent pouvoir se cacher à la poursuite du Seigneur, & éviter sa colere par la fuite. Ils connurent donc le mal qu'ils ignoroient, & le bien qu'ils avoient abandonné : cette connoissance fit leur premier supplice ; elle fit naître la crainte & les remords.

D. *Dieu se borna-t-il à ce châtiment ?*

R. Non ; il fit tomber sur l'homme tous les maux dont il avoit été menacé, & le dépouilla de tous les dons, dont il l'avoit pourvu : la terre fut maudite à cause de lui ; & il fut condamné à lui arracher par son travail, ce qu'elle produisoit auparavant sans culture. La douleur, les besoins, les inquiétudes, les peines, devinrent en même tems les préludes de l'arrêt de mort, prononcé contre lui, & qu'il devoit subir après un tems déterminé : la femme en partageant tous ses malheurs, fut encore condamnée à enfanter dans la douleur & dans les

larmes, & à recevoir la loi de son mari.
Mais à travers cette foule de maux, il
fut aisé de démêler des traits de clémence, dans le Dieu qui punissoit ainsi les
coupables ; puisqu'il prédit au serpent,
après l'avoir maudit, qu'une femme lui
écraseroit la tête. Ce qui doit être regardé comme une promesse infaillible
de la part de Dieu, d'envoyer au monde
un libérateur, pour ruiner la puissance
du démon, & rétablir l'homme dans ses
droits, en vengeant ceux de la Divinité.
Après tous ces arrêts, Dieu chassa nos
premiers peres du Paradis terrestre, &
plaça un chérubin à l'entrée de ce sé-
jour d'innocence, pour leur en interdire
l'approche.

*D. Ces châtimens ne regardoient-ils que
les premiers coupables ?*

R. Non : ils s'étendoient à toute leur
postérité ; & comme ils lui auroient
transmis leur bonheur, en lui transmet-
tant leur innocence, ils lui ont aussi
transmis leur malheur, en leur transmet-
tant leur crime.

*D. Comment un seul homme a-t-il pu
rendre tout le genre humain coupable &
malheureux ?*

R. Dieu, créateur & maître de tous
les hommes, en avoit établi le premier,

& le chef & le pere ; & avoit fait dépendre le fort de tous, du fort de celui-
là, en renfermant toutes nos volontés
dans la fienne.

D. *Quelle fut la conduite d'Adam après
fa chûte, par rapport à Dieu ?*

R. Les livres faints nous apprennent
qu'il pleura fon péché, & en fit pénitence
tout le refte de fa vie, qui fut de 930 ans :
il rentra enfin en grace avec Dieu, en
vue du libérateur qu'il lui avoit promis.
Ainfi, s'il fut le premier de coupables, il
fut auffi le premier des pénitens.

D. *Adam eut-il des enfans, & combien
en eut-il ?*

R. Il en eut trois que l'Ecriture
nomme, ajoutant qu'il en engendra
beaucoup d'autres : Caïn qui fut l'aîné
de tous, donna le premier exemple d'une
jaloufe fureur contre fon frere Abel,
qu'il maffacra, parce qu'il étoit plus
jufte que lui, & plus favorifé du ciel,
auquel il offroit de continuels facrifices : troublé par les remords de fa conf-
cience, & par cette crainte timide qui
fuit pour l'ordinaire le crime, tout faifoit ombrage à Caïn ; il craignoit que
tout ne s'armât contre lui, pour venger
le fang de fon frere : il fut errant & va-
gabond fur la terre, & bâtit la premiere
ville

ville du monde, pour s'en former un afyle.

Seth, troifieme fils d'Adam , & qui lui fut donné pour le confoler de la perte du jufte Abel, lui fuccéda : fa piété & celle de fes enfans leur mérita le nom d'enfans de Dieu ; au lieu que ceux de Caïn furent appellés enfans des hommes.

CHAPITRE V.

Des premiers Patriarches.

D. Quels font les premiers Patriarches depuis Seth jufqu'au déluge ?

R. En voici les noms par ordre chronologique.

Enos, an du monde 235. Il fut le premier qui invoqua le nom du Seigneur.

Caïnam, an 325.

Malaleel, an 395.

Jared, ...an 460.

Henoc, ...an 622. Après avoir vécu 365 fur la terre, Dieu l'enleva d'entre les hommes pour couronner fa vertu, & l'Ecriture nous apprend qu'il doit paroître à la fin des fiecles, pour combattre avec Elie contre l'Antechrift.

Mathufalem, an 687. Il a vécu 969

ans, c'eſt celui de tous les hommes qui a pouſſé plus loin ſa carriere.

Lamech, an 874. De ſon tems on vit commencer les arts. Tubalcaïn, ſon petit-fils, inventa la maniere de mettre en œuvre l'airain & le fer. Jubal, un autre de ſes deſcendans, inventa quelques inſtrumens de muſique.

Noé, an 1056, qui eut trois fils, appellés dans l'Ecriture, *Sem, Cham & Japhet.*

D. *Quelle fut l'origine des Géans ?*

R. Ils naquirent du commerce des enfans de Dieu avec les filles des hommes. C'eſt-à-dire de l'union charnelle des deſcendans de *Seth* avec les deſcendans de Caïn.

D. *Quelles furent les ſuites de ce commerce?*

R. Une corruption générale infecta cette premiere race des hommes, les crimes ſe multiplierent ſur la terre, au point que Dieu réſolut d'exterminer par un déluge univerſel tout ce qui avoit vie. L'Ecriture nous donne, en peu de mots, une idée de cette dépravation totale, en nous diſant que toute chair avoit corrompu ſes voies, & que Dieu ſe repentit d'avoir formé l'homme.

D. *N'y avoit-il aucun juſte ſur la terre qui pût appaiſer le Seigneur?*

R. Noé ſeul avoit perſévéré dans la

juſtice ; c'eſt pourquoi il trouva grace devant Dieu, & il fut choiſi lui & ſes enfans pour ſurvivre à la ruine du genre humain, & pour repeupler la terre de nouveaux habitans.

D. *De quel moyen Dieu ſe ſervit-il pour conſerver Noé & toute ſa famille ?*

R. Il lui ordonna de ſe bâtir une arche, c'eſt-à-dire, une eſpece de vaiſſeau d'un bois incorruptible, propre à ſe ſoutenir ſur les eaux, & d'une aſſez grande capacité pour contenir un mâle & une femelle de toutes les eſpeces d'animaux qui exiſtoient pour lors : il fut cent ans à conſtruire cet aſyle, leſquels étant expirés, & tout étant accompli ſelon l'ordre du Seigneur, Noé entra dans l'arche avec toute ſa famille, & Dieu en ferma la porte au dehors, & dès-lors les cataractes du Ciel s'ouvrirent ; il tomba pendant quarante jours & quarante nuits, une pluie ſi abondante, que les eaux s'éleverent quinze coudées au deſſus des plus hautes montagnes, & tout fut ſubmergé : les pluies ceſſerent enfin, les eaux commencerent à s'écouler & à diminuer, & l'arche s'arrêta ſur les montagnes d'Arménie.

D. *Quelle réflexion peut-on faire ſur cet événement tragique, en faveur de la Religion ?*

R. Nous pouvons , d'après les Saints Peres, regarder l'arche, comme le symbole de la Religion Chrétienne , hors de laquelle il n'eſt point de ſalut, comme il n'en fut point pour ceux qui ne furent point reçus dans l'arche. Nous pouvons encore comparer les impies, qui ſe moquent de notre prétendue crédulité , à ces premiers habitans de la terre, qui ſe rioient de la conſtruction de l'arche : ils couroient à leur perte ſans le ſavoir , tandis qu'ils auroient dû profiter de l'exemple & des conſeils du juſte Noé.

D. Quand eſt-ce que Noé ſortit de l'arche ?

R. Il en ſortit par l'ordre de Dieu, un an après y être entré , & lorſqu'il eut compris par le retour de la colombe , que les eaux s'étoient diſſipées.

D. Quelles furent les occupations de Noé, après être ſorti de l'arche ?

R. Son premier ſoin fut de rendre hommage à ſon Créateur, & de lui témoigner ſa vive reconnoiſſance pour le bienfait qu'il venoit d'en recevoir ; il s'appliqua enſuite avec ſes enfans, à la culture de la terre. On lui attribue la découverte de la vigne, dont il éprouva le premier la force du jus ; car en ayant pris avec excès , il s'endormit dans une poſture indécente , & fut expoſé à la raillerie de son second fils *Cham*, qui fut maudit de Dieu, pour avoir révélé la turpitude de son pere.

D. Quel fut l'état de la terre après le déluge ?

R. Elle sortit une seconde fois du sein des eaux, mais elle ne fut plus si fertile; les fruits même qu'elle produisoit, n'eurent plus leur premiere salubrité, ni leur premiere force, parce que l'air chargé d'une humidité excessive, fortifia les principes de la corruption, & la nature fut en quelque sorte affoiblie. Triste suite du crime qui avertissoit les hommes que Dieu n'étoit pas encore totalement appaisé.

CHAPITRE VI.

Des Patriarches après le déluge.

D. *Quel est l'ordre qu'il faut suivre pour les Patriarches après le déluge ?*

R. On ne doit compter que les descendans de *Sem*, dont voici les noms par ordre chronologique.

Sem, an du monde......................1658.

Arphaxad, an du monde.........1693.

Salé, an du monde...................1725.

ABRAHAM.

D. *Qu'arriva-t-il de remarquable dans ce tems-là ?*

R. Les enfans de Noé s'étant multipliés, cet esprit d'orgueil qui avoit perdu nos premiers peres, & dont leurs descendans portoient le germe impur, les aveugla jusqu'au point de vouloir s'élever jusqu'aux cieux : ils essayerent en conséquence de bâtir une tour dont l'extrêmité pût y atteindre.

D. *Quel nom donne-t-on à cette tour?*

R. Babel, c'est-à-dire, confusion, parce que Dieu voulant confondre la témérité de cette entreprise, permit que ceux qui y travailloient ne s'entendissent pas, & que par la diversité du langage, on fût hors d'état de se servir mutuellement, ce qui suspendit entiérement l'ouvrage.

D. *En quel tems cette tour fut-elle bâtie ?*

R. Vers le tems *d'Arphaxad*, c'est-à-dire, l'an du monde 1693.

D. *En quel tems les enfans de Noé se partagerent-ils la terre?*

R. Environ un siecle après la confusion de Babel, c'est-à-dire, du tems de *Phaleg*, an du monde 1787. Ce partage se fit en cet ordre : *Japhet* eut l'Europe & l'Asie mineure ; *Cham*, eut l'Afrique, avec le pays de Sennaar ; *Sem*, eut l'Asie orientale.

D. *Quelles étoient les mœurs de ce tems-là?*

R. La plus grande partie des hommes n'écoutoient que la voix de leurs passions, & après avoir perdu de vue la loi naturelle, loi sacrée que l'Eternel avoit gravée dans leurs cœurs, & qui étoit un censeur perpétuel de leurs vices, ils s'abandonnerent à l'idolâtrie, & ne voulurent plus reconnoître d'autres Dieux, que ceux qui leur laissoient une pleine liberté de s'y livrer. Les objets sensibles reçurent d'abord leurs adorations; ils se replierent ensuite sur les êtres vivans: ils ne rougirent pas même d'adorer leurs semblables. Ce crime de l'esprit fortifia la dépravation du cœur, & le désordre eût été général, si le Seigneur ne se fût conservé un petit nombre d'adorateurs, dans le secret de sa face.

CHAPITRE VII.

De la vocation d'Abraham.

D. *Qu'entendez-vous par la voca-tion d'Abraham ?*

R. J'entends la maniere singuliere dont Dieu le choisit pour être la tige d'un peuple, qui s'attachât particulierement à son culte, & pour se former au milieu de la corruption générale une nation sainte qui pût concourir aux desseins de miséricorde qu'il avoit sur les hommes.

D. *Donnez-nous une idée de l'histoire d'Abraham.*

R. Abraham étoit originaire de la ville d'*Ur*, en Chaldée : il descendoit de Noé, par cette suite de Patriarches que nous avons déjà nommée. Dieu lui ordonna de sortir de son pays, & d'abandonner la maison de son pere; il obéit, il quitta la Chaldée; il vint en Mésopotamie, avec son pere Tharé, & son frere Nachor; & pour récompenser son obéissance, Dieu lui promit de le rendre le pere d'un grand peuple, & de donner à ses descendans une terre d'où couleroit le lait & le miel. Il remporta une victoire sur Codorlahomor, Roi des Elamites, qui avoit insulté son neveu Loth ; il le délivra, fit un grand butin sur le Roi des Elamites, qu'il partagea avec Melchisedech, Roi de Salem.

Abraham, n'ayant point d'enfans de Sara sa femme, épousa Agar sa servante, de laquelle il eut un fils qu'il nomma Ismaël : il fut obligé de la renvoyer avec son fils, qui devint le chef des Ismaélites. Ce fut alors que Dieu ordonna à Abraham de se circoncire avec toute sa famille, en signe de l'alliance qu'il contractoit avec lui & sa postérité.

D. *Quel fut le genre de vie d'Abraham ?*

R. Quoique très-riche, il mena une vie simple & pastorale, craignant Dieu & conservant la paix avec son prochain ; la conduite qu'il tint avec Loth son neveu, est une preuve & de son désintéressement & de la douceur de son caractere. La vertu qui le distingue des autres Patriarches, est une foi très-vive & très-simple en même tems. Il exerçoit l'hospitalité avec une piété qui lui attira plus d'une fois le bonheur de recevoir dans sa maison des intelligences célestes. C'est dans une de ces circonstances, que lui fut promis un fils, de la race duquel devoit sortir le Messie: il crut sans hésiter à la parole de l'ange, quoique sa femme fût stérile, & qu'elle fût alors âgée de 90 ans, & lui de 100. L'effet justifia la promesse; un an après, il eut un fils qu'il appella Isaac: quelque tems après, Dieu voulut éprouver son obéissance & sa foi, en lui ordonnant de sacrifier ce fils unique, qui étoit le fondement de toutes ses promesses; il se disposa sans balancer à exécuter cet ordre, quelque rigoureux qu'il fût, & quelqu'opposé qu'il parût à ses espérances : il fit taire les murmures de la nature. Mais dans l'instant qu'il alloit frapper la victime, Dieu satisfait des dispositions de la foi & de l'obéissance de son serviteur, lui envoya un ange pour rétracter ses ordres, & après avoir exalté sa fidélité, lui renouvella & lui confirma toutes ses promesses d'une maniere encore plus positive & plus expresse.

D. Qu'y a-t-il à remarquer sur cette partie de l'histoire ?

R. Elle doit être considérée comme le second âge, & pour ainsi dire l'adolescence des enfans de Dieu : elle comprend leur alliance avec le Seigneur; les premiers accroissemens du peuple

choisi sous les Patriarches. Ses fonda-
teurs les plus célebres sont *Abraham,
Isaac, Jacob, Joseph & Moïse.*

*D. Arriva-t-il quelqu'événement remar-
quable du tems d'Abraham ?*

R. L'incendie de Sodome & de Go-
morrhe, par une pluie de soufre & de
feu, en punition des crimes horribles
des habitans de ces deux villes. Abraham essaya de désarmer le courroux du
ciel, & il eût obtenu des ministres de
ses vengeances le pardon des coupables,
si on avoit pu trouver seulement cinq
justes dans ces villes infortunées. Mais il
ne put sauver que son neveu Loth & sa
famille, dont la femme fut changée en
statue de sel, pour avoir regardé ces
villes incendiées, contre la défense
qu'elle avoit reçue de l'ange.

*D. Que nous apprend l'histoire touchant
Isaac ?*

R. Elle nous apprend sa naissance
comme miraculeuse, sa soumission aux
ordres de son pere qui étoit prêt à le sacrifier, son mariage avec Rebecca fille
de Bathuel, de laquelle il eut deux enfans, Esaü & Jacob, dont le premier
vendit à son frere son droit d'aînesse
pour un plat de lentilles. Par le conseil
de Rebecca sa mere, qui avoit une pré-

dilection pour lui, Jacob surprit la bénédiction privilégiée d'Isaac son pere, qui ne voulut jamais la rétracter.

Esaü est regardé comme le symbole du peuple Juif, & même de tous les réprouvés. Jacob au contraire, nous représente la vocation des Gentils à la religion, & de tous les prédestinés à la grace & à la gloire.

D. *Après cet événement que devint Jacob?*

R. Il se sauva chez Laban son oncle, pour éviter la colere de son frere Esaü. Dans son voyage un ange lui donna le nom d'Israël, après avoir lutté toute la nuit avec lui. Il servit sept ans chez son oncle pour obtenir Rachel en mariage, qu'il lui refusa après ce terme; lui faisant épouser Lia son autre fille, par une ruse qu'on ne sauroit approuver: on lui promit enfin Rachel, à condition qu'il serviroit encore sept années, ce qu'il accepta. Il revint dans sa patrie après l'avoir épousée, avec de grandes richesses, de nombreux troupeaux, & beaucoup de domestiques; se croyant en état de se défendre contre son frere, s'il osoit l'attaquer: mais s'étant rencontrés, ils s'embrasserent & vécurent en bonne intelligence.

Jacob eut douze fils, qui furent les chefs d'autant de tribus auxquelles ils donnerent leurs noms, & qui formerent le peuple d'Ifraël jufqu'à la divifion. Voici les noms des fils de Jacob, & par conféquent des tribus, Rubem, Siméon, Levi, Juda, Dan, Nephtali, Gad, Afer, Ifachar, Zabulon & Benjamin.

D. Jacob n'eut-il pas d'autre fils ?

R. Il en eut encore un appellé Jofeph, dont les defcendans formerent dans la fuite une double *tribu* : il fut vendu par fes freres, & tranfporté en Egypte.

D. Donnez-nous en abrégé l'hiftoire de ce Patriarche ?

R. Jofeph ayant fait part à fes freres d'un fonge myftérieux qui préfageoit fa future grandeur, ils conçurent contre lui la plus baffe jaloufie, que la prédilection de Jacob leur pere ne faifoit qu'augmenter. Ils formerent enfin le projet de le tuer, lorfqu'il iroit au champ ; ce qu'ils auroient exécuté, fi Rubem ne les eût empêchés de fe fouiller de ce crime, en leur confeillant, pour l'arracher de leurs mains, de le vendre à des marchands Ifmaélites, qui pafferent par hazard lorfqu'on étoit fur le point de l'égorger. Ces marchands le vendirent à leur tour, comme un efclave à Putiphar, un des officiers de Pharaon, roi d'Egypte, dont la femme éprife de

la plus violente paſſion, le ſollicita plus
d'une fois à des actions criminelles ; ſa
réſiſtance & ſa pudeur aigrirent ſi fort
l'eſprit de cette femme impudique,
qu'elle réſolut de le perdre, en l'accu-
ſant d'avoir voulu la ſéduire. Victime de
ſa calomnie, il fut mis dans les fers, où
Dieu prit ſoin de ſon innocence, en le
rempliſſant de ſon eſprit ; & lui décou-
vrant le ſecret des cœurs & les myſteres
de l'avenir : il expliqua d'une maniere ſi
poſitive, les ſonges de deux priſonniers
qui étoient avec lui, & les ſuites furent
ſi conformes à ſes prédictions, qu'il fut
appellé pour interpréter ce ſonge fameux du Roi lui-même, qui plein de
vénération pour ſa ſageſſe, & de confiance pour ſa probité, lui donna dans
tout ſon royaume, une autorité preſqu'égale à la ſienne, afin qu'il pût prévenir les maux qui menaçoient l'Egypte,
& qu'il avoit prédits. Ainſi par un ordre
ſecret de la Providence, il devint le
ſauveur de ſes freres qui l'avoient trahi :
& qui preſſés par la famine, furent obligés d'aller profiter des reſſources qu'il
s'étoit prudemment ménagées pendant
l'abondance.

D. *Quelles vertus devons-nous admirer
dans Joſeph ?*

R. La candeur, l'innocence, une grande pureté, une générosité au-dessus des injures les plus atroces, une prudence consommée forment son caractere.

D. Quelles réflexions peut nous fournir la conduite de Dieu à l'égard de Joseph?

R. Elle nous apprend que s'il afflige le juste, c'est pour le consoler dans sa miséricorde ; s'il l'humilie, c'est souvent pour l'élever & pour le glorifier ; & qu'il n'abandonne jamais ceux qui le servent dans la pureté de leur cœur : elle nous apprend à adorer ses desseins impénétrables, & à nous soumettre sans murmure à sa volonté.

D. Que se passa-t-il de remarquable à la mort de Jacob?

R. Il fit approcher tous ses enfans qui l'avoient suivi en Egypte après la découverte de leur frere Joseph, que ce saint Patriarche avoit long-tems pleuré comme mort, & leur donna à tous une bénédiction particuliere ; bénédiction, qui, outre des vœux pour leur bonheur & leur prospérité, renfermoit encore pour chacun d'eux, une prédiction de ce qui devoit leur arriver ; & quand il vint à Juda, il lui dit ces paroles remarquables : *le sceptre ne sortira point de Juda, & l'autorité suprême subsistera toujours dans cette tribu, jusqu'à l'arrivée de celui qui doit être envoyé, & qui fait déjà l'objet des vœux & de l'attente des nations, &c.* Paroles qui ne peuvent s'entendre, ni s'appliquer qu'au Messie. Ainsi Jacob joint à sa qualité de Patriarche celle de premier Prophete ; & son oracle est de tous les oracles le plus exprès, & confondra toujours la criminelle opiniâtreté du juif déicide.

D. Que devint la postérité de Jacob & de Joseph en Egypte ?

R. Elle s'accrut & se multiplia si prodigieusement, que Pharaon poussant la politique jusqu'à la crainte, donna ordre à toutes les sages-femmes, de faire périr tous les enfans mâles des Hébreux, en les précipitant dans le Nil : & ce fut dans cette circonstance que Dieu suscita Moïse, pour délivrer son peuple de cette oppression.

CHAPITRE VIII.

De la vocation de Moïse & de son ministere.

D. **Q**UE *nous apprend l'Histoire touchant Moïse ?*

R. Moïse étoit fils d'Amram de la

tribu de Levi. Il fut exposé dès sa naiſſance ſur les eaux du Nil, dans une petite corbeille de joncs, conformément à
l'ordre que Pharaon avoit donné de
faire périr tous les mâles des Hébreux.
La main de Dieu conduiſit la fille de
Pharaon, pour ſe laver dans le Nil : elle
apperçut cette petite barque flottante,
& touchée de compaſſion pour l'enfant
qu'elle renfermoit, elle l'en retira, lui
donna le nom de Moïſe, qui ſignifie
ſauvé des eaux, & le fit élever avec beaucoup de ſoins à la Cour de Pharaon,
ſon pere. Moïſe fit de très-grands progrès dans la ſcience des Egyptiens. Parvenu à l'âge de quarante ans, comme
il alloit joindre ſes freres, il vit un
Egyptien qui maltraitoit un Iſraélite,
& il tua l'Egyptien, ce qui l'obligea
de prendre la fuite, & de ſe retirer
chez Jethro ſon beau-pere : il s'occupa
à paître les troupeaux, qu'il abandonnoit quelquefois pour ſe livrer à la priere.
Un jour qu'il s'étoit retiré pour y va-
quer avec plus de liberté ſur la montagne d'Oreb, Dieu lui apparut du milieu
d'un buiſſon ardent, & lui ordonna
d'aller trouver Pharaon, pour lui déclarer
de ſa part de laiſſer ſortir ſon peuple de
ſon royaume, afin qu'il lui ſacrifiât

dans le désert : Moïse s'excusa sur son incapacité, parce qu'il avoit un défaut de langue ; mais Dieu lui réitéra ses ordres, & lui associa, pour cette grande entreprise, son frere Aaron. Moïse obéit donc, & fut intimer à Pharaon, l'ordre de Dieu. Il épouvanta ce Roi politique par divers prodiges, pour établir & pour soutenir sa mission ; mais ce Prince, dont le cœur étoit endurci, résista également, & à la voix de Moïse, & à celle des prodiges : en conséquence Dieu ordonna à Moïse de frapper l'Egypte de différentes plaies : la premiere fut le changement des eaux en sang ; la seconde une multitude prodigieuse de grenouilles : ce que Dieu permit que les Mages de Pharaon exécutassent aussi pour affoiblir les prodiges de Moïse dans l'esprit du Roi, & pour endurcir encore plus son cœur ; mais comme ce Dieu de vérité ne la dérobe jamais aux hommes, & qu'il leur fournit toujours des moyens sûrs pour la discerner de l'erreur, le pouvoir des Mages ne s'étendit pas plus loin, & ils firent de vains efforts pour imiter Moïse dans la troisieme plaie, dont il affligea l'Egypte, par une quantité si grande de moucherons, & dont la piquure étoit

ſi mauvaiſe, que Pharaon, pour faire
ceſſer ce fléau, promit de ſe rendre à
la volonté du Seigneur ; mais le danger
étant paſſé, il rétracta ſa parole, &
Moïſe frappa l'Egypte d'une quatrieme
plaie, par des mouches innombrables,
auxquelles la peſte ſuccéda, & ce fut la
cinquieme plaie : des ulceres pleins d'in-
fection ſuivirent, & ce fut la ſixieme ;
la ſeptieme fut une grêle générale, qui
ravagea toutes les campagnes ; la hui-
tieme un nombre preſqu'infini de ſau-
terelles, qui détruiſirent ce que la grêle
avoit épargné ; la neuvieme, des ténè-
bres ſi épaiſſes, que les Egyptiens ne
pouvoient ſortir de leur maiſon : tous
ces fléaux étoient précédés & ſuivis
du conſentement de Pharaon pour la
ſortie du peuple d'Iſraël, conſentement
qu'il rétractoit tout de ſuite ; par cette
conduite il aigrit tellement la colere de
Dieu, qu'il ſe détermina à frapper
l'Egypte d'une derniere plaie, plus
terrible que toutes les autres ; mais il
donna auparavant divers ordres à Moïſe.

D. Quels furent ces ordres ?

R. Dieu ordonna à Moïſe de faire
célébrer la premiere Pâque, par les
Iſraélites, & lui preſcrivit toutes les
cérémonies qu'on devoit y obſerver,

ajoutant que toutes les années à pareil
jour, ils feroient la même chose, en
mémoire de leur délivrance & du prodige qui la suivit. Les Israélites ayant
exécuté les ordres du Seigneur, &
ayant teint le sommet de leur porte du
sang de l'agneau qu'ils avoient mangé,
selon l'ordre qu'ils en avoient reçu,
l'ange exterminateur frappa de mort
dans la même nuit, tous les premiers
nés des Egyptiens, dont les maisons
n'étoient point teintes de sang. Dans
la consternation générale, qu'occasionna un événement aussi tragique,
Pharaon permit enfin aux Israélites de
sortir de ses états : ils profiterent de cet
instant de terreur, & se chargerent des
plus riches dépouilles, que le souverain dispensateur des biens leur ordonna d'emporter. Après quelques campe-
mens dans le désert, ils arriverent
enfin sur les bords de la mer Rouge ;
& c'est-là, que Dieu fit éclater en leur
faveur la puissance de son bras. Car,
poursuivis par Pharaon, qui se repen-
toit déjà de leur avoir laissé la liberté
de sortir de son royaume ; outré d'ailleurs qu'ils lui eussent enlevé tant de
richesses, ils ne pouvoient échapper à
sa vengeance, qu'en se précipitant dans

la mer. Moïse, par l'ordre de Dieu même, étendit sa baguette sur les eaux, & à l'instant elles se diviserent, & s'élevant des deux côtés comme une espèce de rempart, lui donnerent un libre passage à la vue de l'armée de Pharaon, qui voulant profiter du même avantage, pour poursuivre les Israélites, fut entiérement submergée avec son chef; tandis que Moïse & les siens, chantoient sur l'autre rive un cantique de louanges & d'actions de grace à l'Eternel.

D. Comment doit-on regarder le passage de la mer Rouge?

R. Comme un de ces prodiges qui annoncent une protection visible du ciel: il n'est pas possible, en effet, d'imaginer que six cens mille hommes, sans compter les femmes, les enfans & les bagages, puissent traverser à sec une étendue de mer très-considérable, sans crainte, sans danger & sans le moindre accident, par un fait purement naturel: tandis que leurs ennemis enhardis par leur exemple, courent à leur perte en suivant la même route.

D. Outre le merveilleux du fait en lui-même, le passage de la mer Rouge ne nous offre-t-il aucune figure?

R. Les auteurs sacrés ont vu dans ce passage miraculeux, la figure du baptême dans lequel nos vices, figurés par les Egyptiens, sont ensevelis : ils ont aussi regardé la cérémonie de la Pâque, qui avoit précédé ce prodige, comme une figure de l'eucharistie.

D. Après ce grand événement, que devint le peuple Hébreu ?

R. Dieu ne l'avoit arraché à la tyrannie des Egyptiens, que pour le mettre en possession de la terre qu'il avoit promise à Abraham : mais l'inconstance & l'ingratitude de ce peuple suspendirent l'accomplissement de la promesse : il erra pendant quarante ans dans le désert, éclatant souvent en murmures contre Moïse, éprouvant tour-à-tour les plus terribles châtimens, & les bienfaits les plus consolans de la part du Seigneur.

D. Moïse fut-il toujours pendant cet intervalle le seul conducteur du peuple de Dieu ?

R. Il en fut toujours le chef principal ; mais fatigué des murmures de ce peuple volage, & pour se mettre à couvert de ses reproches, il se forma par l'ordre de Dieu un conseil, composé de ce qu'il y avoit de plus inté-

gre dans la nation, autant pour justifier ses démarches, que pour le sou-
lager dans les pénibles fonctions de
son ministère.

CHAPITRE IX.

De la Loi écrite donnée aux Israélites.

D. *EN quel tems & en quel lieu Dieu pu-
blia-t-il ce que nous appellons la loi de
Moïse ?*

R. Elle fut publiée au milieu des
éclairs & des tonnerres, sur le mont
Sinaï, cinquante jours après la sortie
du peuple d'Israël de l'Egypte.

D. *Quelle fut la fin que Dieu se proposa en publiant cette loi ?*

R. Il n'eut d'autre but que d'étendre
la gloire de son nom, en se manifestant
aux hommes d'une maniere plus claire
& plus particuliere, & de retenir son
peuple sous l'appas des récompenses
& par la crainte des châtimens, dans
les justes bornes du devoir.

D. *En quoi consiste cette loi ?*

R. Si nous en séparons la partie des
cérémonies, qui ne fut publiée que peu-

à-peu, elle confifte en dix préceptes, contenus dans deux tables, qui renferment tous les devoirs de l'homme envers Dieu & envers le prochain.

D. Pourquoi l'appelle-t-on la loi de Moïfe ?

R. Parce que Dieu l'ayant mis à la tête de fon peuple, il la lui donna à lui-même, pour qu'il la publiât, après avoir converfé avec lui pendant quarante jours fur la montagne; ou en perfonne, ou ce qui eft plus probable, par le miniftere d'un ange qui tenoit fa place & qui parloit en fon nom.

D. Pendant ces quarante jours Dieu ne donna-t-il à Moïfe que les dix commandemens de la loi ?

R. Il lui traça encore la forme du culte extérieur & public qu'il exigeoit de fon peuple : il lui ordonna de faire conftruire le tabernacle, l'arche d'alliance, le propitiatoire, la table des pains des propofitions, le chandelier, l'autel des parfums, celui des holocauftes, la cuve d'airain, & généralement tout ce qui étoit néceffaire au culte & au facrifice.

D. Pourquoi Moïfe brifa-t-il, en defcendant de la montagne, les tables de la loi qu'il venoit de recevoir ?

R.

R. Les Israélites surpris du long sé-jour de Moïse sur la montagne, se livrerent à l'impatience & aux mur-mures; des murmures ils passerent à la défiance, & de la défiance à l'infi-délité. Ils forcerent Aaron, qui les gou-vernoit en l'absence de Moïse, de leur fabriquer un dieu : intimidé par leurs menaces, il se fit apporter tout ce qu'ils avoient en or, & en forma un veau, qu'ils éleverent, qu'ils re-connurent pour leur Dieu, & qu'ils adorerent : Moïse irrité de cette idolâ-trie, dans un transport de zèle & de colere, mit en pieces les tables de la loi; regardant son peuple comme in-digne d'un si grand bienfait : revenu cependant de ce premier mouvement, il fit de tendres, mais véhémens re-proches aux coupables; & les ayant disposés au repentir, il obtint du Seigneur, & leur pardon & deux ta-bles semblables aux premieres, qui furent par la suite renfermées dans l'ar-che d'alliance.

D. Quels sont les principaux prodiges que Dieu opéra en faveur des Israélites dans le désert ?

R. Il en fit constamment : les princi-paux sont, 1°. la manne dont il les nourrit jufqu'à ce qu'ils fuffent arrivés dans la terre promife ; elle réuniffoit toutes les faveurs , afin qu'elle ne devînt point infipide par le long ufage ; elle tomboit réguliérement tous les jours , excepté celui du fabbat, pour lequel ils étoient obligés de fe pourvoir la veille ; elle tomboit ce jour-là en plus grande quantité. Ce fut-là leur unique nourriture : fi l'on en excepte des cailles , que Dieu leur accorda pour punir leurs murmures , & dont ils fe dégoûterent bientôt.

2°. Le changement des eaux ameres de Marath en eaux douces.

3°. Différentes victoires fur les princes qui s'oppofoient à leur paffage ; tels que les rois de Chanaan, des Amorrhéens & de Bafan.

4°. La fource abondante d'eau excellente, tirée d'un rocher par le feul attouchement de la baguette de Moïfe.

5°. Le changement de Balaam envoyé par Balac, roi des Moabites , pour faire des imprécations fur le peuple d'Ifraël, & qui ne pouvant réfifter à l'efprit du Seigneur, prononça fur lui les plus abondantes bénédictions, par trois fois différentes : ce changement du prophete fut précédé d'un prodige éclatant ; car l'âneſſe qu'il montoit, ne voulant point avancer parce qu'elle voyoit devant elle l'ange du Seigneur armé d'un glaive, & preſ-ſée par les coups, ſe répandit en repro-ches contre Balaam, qui ſurpris de ce que Dieu avoit délié les organes de cet animal, & appercevant à ſon tour l'ange du Seigneur, fut ſaiſi de crainte & reconnut ſa faute.

6°. Cette nuée merveilleuſe, qui couvroit le peuple d'Iſraël dans ſa marche pendant le jour, autant pour le dérober à ſes ennemis, que pour le garantir des ardeurs du ſoleil, & qui l'éclairoit pendant les ténebres.

D. Quelle fut la conduite d'Iſraël en-vers Dieu ?

R. Ce peuple conſerva toujours ſon inconſtance & ſa groſſiéreté ; eſclave de ſes ſens & des biens terreſtres, la moindre épreuve, le moindre be-ſoin, la plus petite infortune, la plus légere incommodité ſuffiſoit pour le déterminer à la révolte, non - ſeule-ment contre ſes chefs, mais contre Dieu même, qu'il eût abandonné plus d'une fois, ſi les plus terribles châ-timens n'avoient prévenu ſon infidé-lité.

C 2

D. Quels furent les châtimens dont Dieu affligea son peuple dans le désert ?

R. Il en fut de généraux, qui tomberent sur tout le peuple, ou du moins sur une partie assez considérable. Tel fut le massacre qui suivit l'idolâtrie du veau d'or, dans lequel les enfans de Levi firent périr par le glaive vingt-trois mille hommes. Il en périt par le feu du ciel quatorze mille & sept cens, après la révolte de Coré, Dathan & Abiron qui avoient été engloutis dans le sein de la terre avec deux cens cinquante de leurs partisans. La morsure du serpent en extermina un plus grand nombre encore ; & ce fléau eût entiérement détruit ce peuple murmurateur, si Dieu, à la priere de Moïse, ne leur eût donné le serpent d'airain, comme un remede contre leurs maux. Il leur suffisoit de le regarder pour être guéris.

Il fut aussi des châtimens particuliers ; tels, par exemple, que celui de Nadab & d'Abiu consumés par un tourbillon de feu, pour s'être servis dans le tabernacle d'un feu étranger. La sœur de Moïse fut frappée d'une lepre universelle pour avoir murmuré contre ce législateur ; Coré, Dathan & Abiron furent aussi confondus pour le même crime , &c. Moïse lui-même & Aaron furent exclus de la terre promise, pour avoir frappé deux fois le rocher d'où ils firent sortir de l'eau, selon la promesse du Seigneur, ce qui marquoit un peu de défiance.

Le châtiment le plus terrible & le plus général, fut l'exclusion de la terre promise, pour tous ceux qui avoient atteint leur vingtième année lors de la sortie de l'Egypte, à l'exception de Caleb & de Josué.

D. Combien de tems les Israëlites errerent-ils dans le désert ?

R. Pendant l'espace de quarante ans, que Moïse sous la conduite du Seigneur, employa à les instruire, à les affermir dans le culte du vrai Dieu, & à leur donner ces loix cérémoniales & politiques qui les distinguent de tous les peuples ; loix si bien accommodées au génie & au caractère de ce peuple charnel, qu'il est impossible d'y méconnoître la main du Dieu qui les a dictées, & qui sonde les cœurs & les reins : loix qui, sous des voiles & des figures, en présagent de plus parfaites pour l'avenir, & qui annoncent aux peuples un législateur plus grand que Moïse, qui sera néanmoins suscité du

G 3

milieu de ses freres, puisqu'il devoit sortir de la tribu de Juda, ce qu'on ne peut entendre que de J. C. le vrai Messie, en qui la loi & les prophetes ont pris fin : loix que Moïse, avant que de mourir, prit soin de rédiger, leur ordonnant de les transcrire sur les pierres de l'autel, qu'il leur prescrivit de dresser au Seigneur lorsqu'ils auroient passé le Jourdain ; & dont il fit déposer l'original auprès de l'arche d'alliance.

D. Que fit Moïse de remarquable avant sa mort ?

R. Il composa un cantique célebre, dans lequel il rappelle les prodiges que Dieu avoit opérés en faveur de son peuple ; releve sa puissance & sa gloire, & reproche aux Israélites leur ingratitude & leur légéreté. Il bénit toutes les tribus en particulier, leur prédit tout ce qui devoit leur arriver, & leur donne des conseils & des préceptes : il imposa les mains à Josué, fils de Nun, qu'il désigna son successeur ; parce qu'il étoit rempli de l'esprit de force & de sagesse : & s'étant retiré sur la montagne de Nebo, d'où Dieu lui fit voir la terre de Chanaan, dont il avoit demandé l'entrée au Seigneur fans être exaucé, il y mourut âgé de cent vingt ans, & fut enféveli fecretement, fans doute par le miniftère des anges ; car on ignore encore le lieu de fa fépulture.

D. Donnez-nous en peu de mots l'idée du caractère de Moïfe & des vertus qui le diftinguerent ?

R. L'Écriture le loue principalement fur fa douceur ; il parle lui-même de fon défintéreffement, en difant qu'il n'a jamais rien exigé des enfans d'Ifraël, quoiqu'il fût leur chef, & qu'il fe fût facrifié pour leur gloire & leur bonheur. Son zèle pour Dieu éclata dans plus d'une rencontre, & il nous paroîtroit peut-être trop févere, fi nous ne favions qu'en puniffant les crimes de fon peuple, il ne faifoit qu'exécuter les ordres du Seigneur. Par lui-même il eût pouffé l'indulgence jufqu'à l'impunité ; & il défarma plus d'une fois par fes prieres le bras du tout-puiffant ; il defira même d'être effacé du livre de vie, plutôt que de voir périr le peuple qui lui étoit confié. Il joignoit à beaucoup d'activité, une grande prudence & un jufte difcernement ; ces grandes qualités parurent dans les différens choix qu'il fit de ceux qui devoient partager avec lui l'autorité & le gouvernement : aussi n'y eut-il jamais de prophete plus favorisé que lui, & qui eût un commerce si particulier & si intime avec la Divinité. Dieu l'avoit environné d'une portion de sa gloire & de sa majesté, comme il lui avoit communiqué une partie de sa puissance.

D. Dans les différens événemens que nous venons de toucher, qu'y a-t-il qui puisse se rapporter à la religion chrétienne?

R. Le symbole le plus frappant est ce serpent d'airain élevé dans le désert, qu'il suffisoit de regarder pour recouvrer la santé & la vie ; & qui, au jugement de tous les interpretes, nous figure J. C. élevé en croix, qui nous rend par ses souffrances la vie éternelle que nous avions perdue. Nous trouverons dans la manne un emblême de l'euchariftie, qui est le vrai pain de vie descendu du ciel. La loi elle-même prise dans toutes ses parties, n'est que le type de celle de J. C. aussi a-t-elle été abrogée dès que ce législateur suprême a publié la sienne : elles sont entr'elles comme le parfait est au moins parfait, & la réalité à la figure.

D. Quel fut l'état politique du peuple de Dieu après la mort de Moïse?

R. Il fut gouverné par des juges qui exerçoient, sous Dieu même, l'autorité souveraine : ainsi le gouvernement continua d'être théocratique. C'est ce que nous verrons dans le chapitre suivant.

CHAPITRE X.

Du Gouvernement des Juges.

D. QUEL fut le premier juge d'Israël après Moïse ?

R. Josué, fils de Nun, qui, comme nous l'avons déjà vu, fut élu par Moïse même ; il fut un de ceux qu'il avoit envoyés pour parcourir la terre de Chanaan, & en faire le rapport au peuple : ce fut lui aussi qui introduisit les Juifs dans cette terre promise, & que Dieu avoit choisi pour conduire ce grand événement.

D. Rapportez-nous en peu de mots ce qui se passa de plus remarquable dans la conquête de la terre promise ?

R. Josué ayant pris les rênes du gouvernement, envoya deux hommes à Jéricho, qui étoit la première place qui se présentoit au-delà du Jourdain,

pour la reconnoître. Ils n'euſſent point
échappé aux pourſuites du roi de Jéricho, ſans la pieuſe feinte de Rahab,
qui les avoit reçus dans ſa maiſon,
qui les cacha & qui favoriſa leur ſuite:
auſſi fut-elle épargnée dans le maſſa-
cre général, ſuivant la promeſſe des
députés. Et, ſur leur rapport, Joſué ſe
mit en marche, ayant à la tête de ſes
troupes l'arche du Seigneur. Arrivé ſur
les bords du Jourdain, Dieu fit éclater
ſa puiſſance en faveur de ſon peuple ;
car les eaux de ce fleuve ſe ſéparerent
comme celles de la mer Rouge, &
laiſſerent un libre paſſage aux Iſraélites,
dont l'approche jetta la conſternation
dans le pays de Chanaan. Dès que les
Iſraélites eurent paſſé le Jourdain,
la manne ceſſa de tomber, parce qu'ils
pouvoient ſe procurer de la nourriture
dans la terre que le Seigneur leur avoit
donnée : ils s'avancerent donc vers
Jéricho, & ayant fait pendant ſix jours
le tour des murs de cette ville dans
le ſilence, le ſeptieme ils le firent au
ſon des trompettes, & les murs crou-
lerent, ſuivant la promeſſe du Seigneur, qui avoit preſcrit lui-même à
Joſué la maniere dont il devoit ſe conduire dans cette expédition. Jéricho

prise, Josué poussa ses conquêtes ; elles ne pouvoient être que très-rapides, puisque le bras du Dieu des armées combattoit pour lui : aussi, ce chef d'Israël fit dans plus d'une rencontre, des actions d'une valeur & d'un courage à toute épreuve. On compte jusqu'à trente-un rois vaincus & défaits par Josué, tant en deçà qu'en delà du Jourdain : la plus célebre de ses victoires, est celle qu'il remporta contre cinq rois qui s'étoient ligués pour se venger des Gabaonites, qui avoient fait alliance avec lui, après la prise & la destruction entiere des villes de Jéricho & de Haï. C'est dans cette victoire que n'écoutant que son zèle & sa valeur, Josué, pour avoir le tems d'exterminer tous ses ennemis, commanda au soleil de s'arrêter ; & cet astre du jour, docile à sa voix, suspendit la célérité de sa course.

D. Quelles furent les suites de cette victoire ?

R. La mort des cinq rois ligués, que Josué fit périr, après les avoir retirés de vive force de la caverne où ils s'étoient cachés : des victoires multipliées sur les différens ennemis que son entreprise lui suscita ; & enfin la paifible poffeffion de la terre que Dieu avoit promife à fes peres.

D. Quelle fut la conduite de Jofué après ce grand événement ?

R. Il dreffa un autel au Seigneur, fur les pierres duquel il fit graver le deutéronome, ou le livre de la loi, felon l'ordre qu'il en avoit reçu de Moïfe. Il fit enfuite le partage de la terre de Chanaan aux douze tribus ; affignant à chacune la portion de terrein & les villes qui lui convenoient. La tribu de Levi n'eut point de part à ce partage ; on lui accorda feulement quarante-huit villes & leurs banlieues pour les habiter : les dîmes, les oblations & les facrifices, pour entretien & pour nourriture. Il établit auffi fix villes privilégiées, tant en-deçà qu'au-delà du Jourdain, pour fervir de refuge aux malheureux. Il mourut enfin comblé de gloire, après avoir exhorté fon peuple à fervir conftamment le Dieu qui l'avoit fi vifiblement protégé, & fi libéralement enrichi ; lui promettant de plus grandes récompenfes s'il étoit fidele : mais lui faifant entrevoir les plus terribles malheurs, s'il prévariquoit dans fes voies. Il étoit âgé de cent dix ans, & fut enterré fur la montagne d'Éphraïm.

D. Quel étoit le caractère de Josué, & les principales vertus qu'il a pratiquées ?

R. Un caractere ferme, incapable de se démentir ; au-dessus des préjugés & des caprices ; grand sans ambition, soumis sans bassesse, vrai dans toutes ses démarches ; ne se prévalant point de sa vertu, n'écoutant que la voix du devoir & de sa conscience, indépendant de toute considération humaine. Voilà en peu de mots le portrait de Josué ; c'est celui d'un grand homme & d'un véritable Israélite. L'Ecriture loue sa foi, son zele & sa valeur, sa constance à servir le Seigneur, & à lui rester fidele au milieu d'un peuple d'ingrats & de murmurateurs, est peut-être la vertu qui le distingue le plus. Il étoit si sévere observateur des loix, qu'il fit lapider Achan, pour avoir réservé une partie du butin, fait dans la prise de Haï.

D. Quel fut le sort du peuple d'Israël après la mort de Josué ?

R. Il continua d'être gouverné par des juges, dont le premier après Josué fut Judas, qui s'associa son frere Simeon, avec qui il remporta plusieurs victoires sur les nations, & rendit tributaires les habitans de Chanaan. Le der-

nier des juges d'Israël fut Samuel ; &
ce fut lui qui sacra le premier roi de
ce peuple, comme nous le verrons
dans la suite. Pendant cet intervalle,
Israël toujours ingrat, toujours volage,
abandonna plusieurs fois le Dieu de
ses peres : le commerce qu'il avoit
avec les nations le rendit prévaricateur, & il adora à plusieurs reprises
des dieux qu'il auroit dû briser, &
dont il avoit connu plus d'une fois l'im-
puissance. Il ne revenoit cependant de
son erreur, que lorsque le Seigneur
l'abandonnoit à son tour, & punissoit
son inconstance & son crime, en le
livrant à la tyrannie de ses ennemis.

*D. Quelles furent les servitudes du
peuple d'Israël sous le gouvernement des
juges ?*

R. On en compte six, qui répondent
à autant de prévarications de ce peuple.

La premiere arriva sous Chusan, roi
de Mésopotamie, elle dura huit ans;
& il fut délivré par Othoniel, frere
cadet de Caleb, qui triompha de ce
prince. Israël fut en paix ensuite pendant quarante ans.

La seconde sous Eglon, roi des Moabites ; elle dura dix-huit ans. Aod
atracha la vie à ce roi dans son propre

palais ; & fondant enfuite fur les Moabites avec fes troupes, il en maſſa-
cra environ dix mille, & la ſervitude
ceſſa : elle fut ſuivie d'une paix d'environ quatre-vingts ans.

La troiſieme fous Jabin, roi de Chanaan (elle dura vingt ans) ; la pro-
phéteſſe Debora, ſecondée par Barac,
délivra fon peuple. Sifara, général de
Jabin, fut entiérement défait dans une
bataille, & fuyant lui-même les vainqueurs, il ſe refugia chez Jahel, femme
de Haber, qui lui enfonça un clou
dans la tête, dans le tems qu'il dormoit, & le livra à Barac qui le pour-
ſuivoit. Après cette victoire, Iſraël
jouit d'une paix de quarante ans.

La quatrieme fut celle que les Madianites lui firent eſſuyer, & qui dura
ſept ans. Gédéon fut choiſi pour délivrer le peuple de Dieu : le double miracle de la roſée, fut la preuve & de
fa miſſion & de la puiſſance de celui
qui l'envoyoit : il remporta une victoire ſignalée fur Madian, & la paix
régna pendant quarante ans qu'il gouverna Iſraël. Après la mort de Gédéon,
Abimelech, fils de Gédéon, qu'il avoit
eu d'une fervante, uſurpa le gouvernement au préjudice des autres enfans

de ce chef d'Israël ; il en massacra soixante-dix sur une pierre , & le seul Joathan
échappa à son ambition : ce Joathan
essaya de soulever le peuple contre
Abimelech ; & n'ayant pu y réussir ,
il prononça des malédictions contre
lui. Abimelech régna cependant trois
ans ; sa mauvaise conduite lui suscita
des ennemis , & Zebul s'étant mis à
la tête des mécontens , lui déclara la
guerre , qui finit enfin par la mort d'Abimelech, qui eut la tête écrasée par une
pierre qu'une femme lui jetta.

La cinquieme fut celle des Ammonites , elle dura dix-huit ans. Jephté
fut suscité pour la faire cesser ; il fit
alliance avec les princes de Galaad , &
marcha avec eux contre les Ammonites.
dont il désola tout le pays ; avant de leur
livrer cependant la bataille , il fit vœu
de sacrifier au Seigneur, s'il remportoit
la victoire, le premier être vivant qui
se présenteroit à lui après le combat :
le bruit de son triomphe attira sa fille
unique qui venoit l'en féliciter : Jephté
se rappellant pour lors de son vœu ,
frémit en la voyant , & malgré sa
douleur il fut fidele à sa parole , &
immola sa fille. Les interpretes ont
parlé différemment de ce fait ; nous

nous en tenons à la lettre de l'Ecriture.

Après sa victoire, la tribu d'Ephraïm se révolta contre lui, sous prétexte qu'il ne l'avoit point appellée au combat contre les Ammonites, & ayant persévéré dans sa révolte, malgré la douceur de la réponse de Jephté, il marcha contre cette tribu : soutenu par les princes de Galaad, il lui tua environ quarante-deux mille hommes au passage du Jourdain ; se servant, pour les reconnoître, de ce mot, *schibboleth*, qui signifie *un épi*, & que les Ephraïtes ne pouvoient pas prononcer.

Jephté jugea le peuple d'Israël pendant six ans, après lesquels il mourut, & fut enterré à Galaad : après sa mort Israël vécut en paix pendant l'espace de vingt-cinq ans.

La sixieme servitude enfin, & la plus dure, fut celle que le peuple de Dieu essuya sous la domination des Philistins, & qui dura quarante ans. Après ce terme le Seigneur se laissa toucher au repentir de son peuple, & promit à Manué de la tribu de Dan, par le ministere d'un ange, un fils qui devoit être le libérateur d'Israël : il traça lui-même le genre de vie qu'il devoit mener, & lui apprit qu'il seroit con-

sacré au Seigneur dès le ventre de sa
mere ; le tems de la promesse expiré ,
la femme de Manué mit au monde un
fils qui fut appellé Samson ; il étoit
un prodige de force , & il fut lui seul
plus redoutable aux Philistins qu'une
armée : il désola leur campagne par
des stratagêmes singuliers, il en massacra mille avec la simple mâchoire
d'un âne , & leur fit dans toutes les rencontres un mal infini. Ils l'avoient
tenu plus d'une fois en leur puissance,
mais il avoit brisé ses liens avec la
plus grande facilité ; il avoit même
arraché & emporté les portes de Gaza
où ils l'avoient enfermé pour s'en dé-
faire. Mais trop ami des femmes il fut
toujours leur dupe , & les secrets qu'il
eut la foiblesse de leur confier furent
la cause de sa perte. Le principe de
sa force étoit dans ses cheveux qui
n'avoient jamais été rasés , il en fit
confidence à une courtisanne appellée
Dalila ; après l'avoir trompé plusieurs
fois, elle le trahit, & après l'avoir rasé
dans le tems qu'il dormoit sur ses ge-
noux, elle le livra entre les mains de
ses ennemis qui lui arracherent les
yeux & le conduisirent garrotté dans la
ville de Gaza, où ils l'enfermerent, lui

laissant la vie par vengeance, & pour le
faire servir de tems en tems à leur amu-
sement. Un jour enfin qu'ils sacrifioient
à Dagon, ils le firent venir au temple
pour faire hommage à leur dieu &
pour s'en jouer : mais sentant renaître
une partie de ses forces, après avoir
imploré le secours du ciel, il se saisit
des deux colonnes qui soutenoient tout
l'édifice, il le renversa, & il ensevelit
avec lui sous les ruines trois mille
Philistins assemblés. Il fut Juge d'Israël
pendant vingt ans.

D. *Quel fut le successeur de Samson ?*

R. Nous n'en connoissons aucun
jusqu'à Heli, souverain Pontife ; l'Ecriture nous apprend au contraire, que
dans ce tems-là il n'y avoit point de
chef en Israël, & que chacun se gou-
vernoit à sa volonté : probablement
chaque tribu avoit un chef particulier,
& qu'il n'étoit point de chef général,
parce que la paix régnoit en Israël.

D. *Qu'arriva-t-il de remarquable pendant cette espece d'interregne ?*

R. On peut rapporter à cette époque la ruine entiere de la tribu de
Benjamin, contre laquelle toutes les
tribus s'armerent pour la punir du
crime abominable, que les Gabaonites,

membres de cette tribu, avoient commis
sur la femme d'un Lévite qui passoit
avec son mari dans leur ville. Il n'échappa dans cette expédition que six cens
Benjamites qui s'étoient réfugiés dans
les montagnes, & qui rétablirent ensuite cette tribu en épousant des filles
qu'ils enleverent à Silo par le conseil
des autres tribus, qui voyoient avec
chagrin une tribu détruite en Israël.

D. *La guerre des Philistins finit-elle
avec Samson ?*

R. Non ; ils continuerent après sa
mort de persécuter le peuple de Dieu
par intervalle ; & du tems d'Héli souverain pontife, ils furent plus d'une
fois vainqueurs ; ils enleverent même
l'arche d'alliance, qu'ils furent obligés
de renvoyer, parce qu'elle leur attira
des châtimens, & que leur dieu Dagon
même fut renversé jusqu'à trois fois
en sa présence : elle ne fut pas seulement funeste aux Philistins, les Beth-
zamites sur les terres desquels elle
passa, furent en grand nombre frappés
de mort, pour l'avoir regardée avec
peu de respect.

D. *Quelle fut la cause des malheurs
du grand-prêtre Héli ?*

R. Le crime de ses deux fils, Ophni &

Phinées, qui retenoient pour eux les
offrandes qu'on faifoit au Seigneur, &
qu'il n'eut pas la force de corriger &
de réprimer : cette lâche complaifance
attira fur lui & fur fa famille les malédictions de Dieu, & le pontificat
lui fut enlevé. Il paffa, en effet, après
fa mort, à Samuel qui fervoit fous lui
dans le temple, auquel le Seigneur fe
manifefta & l'enrichit du don de prophétie : il fut le dernier juge d'Ifraël ;
car le peuple, autant par fon inconftan-
ce, que pour fe fouftraire à l'avarice
dés enfans de Samuel, voulut avoir
un roi, que Dieu lui accorda enfin
dans fa colere. Ainfi finit le gouvernement théocratique, & le monarchi-
que commença. On peut regarder le
gouvernement des juges comme le
troifieme âge du peuple Juif, & celui
des rois dont nous allons parler, comme le quatrieme.

CHAPITRE XI.

Du gouvernement des Rois.

D. *EN quoi consiste le gouvernement des rois ?*

R. En ce que dans ce gouvernement, l'autorité suprême résidoit dans un seul homme, qui ne reconnoissoit au-dessus de lui que Dieu & les loix.

D. *Quel fut le premier roi d'Israël ?*

R. Saül, fils de Cis, de la tribu de Benjamin, que Dieu désigna lui-même, & que Samuel sacra en répandant de l'huile sur sa tête ; il étoit d'une grandeur extraordinaire, & il n'y avoit point dans tout Israël d'homme aussi grand que lui.

D. *Quelles furent les principales actions de Saül ?*

R. Saül, plein de valeur & de courage, se signala d'abord par ses exploits contre les Philistins : mais sa présomption à sacrifier lui-même au Seigneur en Galgala, sans attendre le grand-prêtre Samuel qui devoit s'y rendre, lui attira les malédictions du Seigneur : il

fut réprouvé dès cet inftant, lui &
toute fa famille ; c'eft-à-dire que le
royaume d'Ifraël fut transféré à un autre.
Dieu ne s'en fervit pas moins cependant pour humilier les Philiftins ; &
après fa réprobation même il remporta
fur eux plufieurs victoires. La plus célebre fut celle où fon fils Jonathas fit
des prodiges de valeur, & fut fur le
point cependant d'être facrifié, pour
avoir goûté un peu de miel, contre
la défenfe de Saül fon pere, qui avoit
promis au Seigneur, que l'armée ne
prendroit aucune nourriture, qu'après
l'entiere défaite des Philiftins : Jonathas ignoroit cette défenfe & cette
promeffe, & le peuple le fauva.

Saül foutint encore une guerre contre
les Amalécites, que Dieu voulut punir
des cruautés qu'ils avoient exercées fur
fon peuple. Il les livra à Saül, lui ordonnant de n'en épargner aucun, & de
ne rien réferver du butin qu'il feroit
fur eux : mais Saül peu fidele à la parole du Seigneur, fit grace à leur roi
Agag, & s'appropria & permit au peuple de s'approprier ce qu'il y avoit
de plus précieux dans fes dépouilles ;
c'eft pourquoi le Seigneur lui fit figni-
fier une feconde fois par Samuel, qu'il

l'avoit réprouvé, & qu'il s'étoit choiſi un homme ſelon ſon cœur. Agag fut mis à mort par le prophete en préſence de Saül ; & David, fils d'Iſaï, de Bethléem, fut ſacré roi au milieu de ſes freres. Dans ce tems-là l'eſprit du Seigneur ſe retira de Saül & l'eſprit malin s'en empara ; il fit appeller David dont il ignoroit l'élection, & qui ſeul calmoit ſes accès de frénéſie & de fureur, par le ſon de ſa harpe.

D. Quelle fut la conduite de Saül envers David, & celle de David envers Saül ?

R. David ayant terraſſé le géant Goliath, qui venoit tous les jours inſulter au peuple de Dieu, par la conſiance qu'il avoit dans ſa force, & le peuple célébrant ſa victoire, & le mettant au-deſſus de Saül, ce prince conçut contre David la plus baſſe jalouſie ; il le joua d'abord dans ſes promeſſes, il donna en mariage ſa fille Merob à un autre, après la lui avoir promiſe, & il ne put obtenir Michol ſa cadette, qu'en apportant cent prépuces des Philiſtins : cette injuſtice ne rebuta point David, il continua de rendre à Saül ſes ſervices ordinaires, dans le tems même qu'il les lui rendoit, Saül eſſaya pluſieurs fois de le

percer

percer de sa lance : la fureur de ce prince alla si loin, que David se crut obligé de s'éloigner ; dès-lors Saül ne garda plus de ménagement, il le pour-suivit comme un ennemi, & il traita comme tels tous ceux qui lui donnoient asyle ; il lui tendit même des pieges, que David n'eût certainement point évités sans les conseils de Jonathas, qui détestant les violences & la haine in-juste de son pere, jura à David une amitié éternelle, & qui par sa fidélité mérite d'être à jamais cité comme le modèle des vrais amis.

David eut cependant plus d'une fois son ennemi sous sa main ; il eût pu s'en venger, & s'assurer d'un seul coup & de sa personne & de sa couronne : mais plus juste que Saül, il se con-tenta, tantôt de lui couper le pan de sa robe, tantôt de lui enlever sa lance, & de le forcer au repentir. Cette gé-nérosité n'affoiblit pas toutefois la haine de Saül ; elle ne ménagea tout au plus que des réconciliations feintes de la part de ce prince, moyen plus sûr de se venger, & dont David eût été la victime, si Jonathas toujours fidele n'avoit été constamment, & son protecteur & son bouclier.

D

D. Qu'arriva-t-il de remarquable à Da-
vid pendant le regne de Saül ?

R. Son mariage avec Abigaïl, femme
de Nabal, qui répara la faute de son
mari en offrant à David des vivres
que celui-ci lui avoit refusés, & dont
David étoit prêt à tirer une vengeance éclatante, si Abigaïl n'avoit
trouvé grace à ses yeux : Nabal étant
mort peu de tems après, David l'é-
pousa, autant pour sa beauté que
pour récompenser sa prudente générosité.

La ville de Ceyla qu'il délivra des
mains des Philistins, & d'où il sortit
craignant la trahison de ses habitans.

Sa fuite dans le désert de Ziph,
dont les habitans le livrerent à Saül ;
enfin son alliance avec Achis, roi de
Geth, qui lui donna la ville de Siceleg
pour retraite, & d'où il faisoit de con-
tinuelles incursions sur les Amalécites
& sur les Philistins, remportant toujours quelqu'avantage & faisant croire
à Achis qu'il les remportoit sur les
Israélites.

D. Quelle fut la fin de Saül ?

R. Les Philistins, ennemis irrécon-
ciliables du peuple d'Israël, lui ayant
de nouveau déclaré la guerre, & Saül

s'appercevant que le Seigneur l'avoit
abandonné, fut consulter une Pithonif-
fe, c'eft-à-dire une femme qui avoit l'efprit de Pithon ou du démon, pour favoir
quel feroit le fort du combat, & la força
d'évoquer l'ombre de Samuel, mort
peu auparavant comblé de gloire &
de mérite; Samuel apparut & dénonça
à Saül que fon royaume feroit donné
à David, & qu'il périroit bientôt lui
& fes enfans : ce qui fe vérifia peu de
tems après, car les Philiftins l'ayant
attaqué, ils taillerent fon armée en
pieces, & il périt lui & trois de fes
fils, Jonathas, Abinadab & Melchioya
dans le combat.

CHAPITRE XII.

De David, Roi d'Ifraël.

D. **D**AVID fut-il mis en poffeffion du
royaume après la mort de Saül ?

R. Perfonne n'ignoroit dans Ifraël
que David ne fût le légitime fucceffeur de Saül, défigné par Dieu même
& facré par fon ordre; la feule tribu
de Juda le reconnut cependant à He-

bron où il fut de nouveau sacré. Les autres tribus, par le conseil, les menées d'Abner, se choisirent pour roi *Isbozeth* fils de Saül, qui ne régna que deux ans ; car s'étant brouillé avec Abner, son appui, à l'occasion d'une concubine de Saül son pere qu'Abner s'étoit appropriée, Abner se rangea du côté de David, & ramena toutes les tribus à l'obéissance de ce prince. Abner fut cependant très-mal recompensé de ce service ; car Joab dont il avoit tué le frere dans un combat, saisit cette occasion pour s'en venger, & se servant de l'autorité de David dont il avoit surpris la foi, il fit rappeller Abner & le poignarda lâchement, crime auquel David n'eut aucune part, qu'il désavoua & qu'il s'efforça de réparer, en pleurant la mort d'Abner & lui faisant rendre les plus grands honneurs, tandis qu'il prononça sur Joab & sur toute sa maison les malédictions les plus terribles ; cette conduite lui concilia le cœur de ses peuples & affermit son trône. C'est après cet événement que Rechab & Baana crurent lui plaire en le délivrant d'Isbozeth son concurrent : ils le tuerent en conséquence dans le tems qu'il dormoit ; & lui ayant coupé la tête, ils l'apportèrent à David, croyant en retirer une récompense proportionnée au service qu'ils s'imaginoient lui rendre : mais David détestant cette perfidie, leur fit arracher la vie par ses propres enfans, à-peu-près comme il avoit fait mourir celui qui étoit venu lui apporter la nouvelle de la mort de Saül.

D. Quels sont les faits principaux du règne de David ?

R. David, paisible possesseur de son royaume, & jouissant de la paix au-dedans, eut bientôt sur les bras, des ennemis étrangers : il essuya tour-à-tour des guerres avec les Jebuséens, les Philistins & les Ammonites, & il fut presque toujours victorieux ; il expulsa ce qui restoit de Jebuséens dans la terre promise, & prit sur eux la ville de Jérusalem où il fixa sa demeure ; il battit plusieurs fois les Philistins, sur lesquels il fit toujours un riche butin, & il subjugua entièrement les Ammonites. Jusques-là David avoit été fidèle au Seigneur ; mais épris des charmes de Bethsabée, femme d'Urie, un de ses plus fidèles serviteurs, il en abusa dans le tems qu'Urie combattoit pour lui dans l'armée que Joab commandoit contre les Ammonites. Ce crime une fois commis, David chercha à l'ensevelir dans le silence par un autre crime; & ayant vainement tenté de le cacher par un stratagême, il commanda à Joab d'exposer Urie dans le plus fort du combat afin qu'il y pérît, & ajouta ainsi l'homicide à l'adultere; ce double crime ternit pour un tems la gloire de David, & nous gémirions sur son sort s'il ne l'avoit réparé par la plus austere pénitence, à laquelle le prophete Nathan l'exhorta par l'ordre du Seigneur, & qui, sous le sens figuré d'une parabole, lui reprocha son infidélité & le força de se juger lui-même : le Seigneur lui pardonna en conséquence; mais l'enfant qu'il avoit engendré dans l'adultere mourut, & ce fut la seule vengeance que Dieu tira de lui pour lors.

D. Qu'arriva-t-il de plus funeste à David dans les premieres années de son régne ?

R. La révolte de son fils Absalon, qui ayant tué dans un festin son frere Amnon, & craignant à ce sujet le courroux de son pere, fut se réfugier chez le roi de Gessur chez lequel il resta trois ans; il employa ce tems à tramer

une conspiration contre David, & à se
concilier l'esprit des tribus afin de lui
enlever la couronne : le traître & l'infâme Architopel le soutenoit, l'entre-
tenoit même dans ce dessein criminel ;
la conspiration éclata enfin à Hebron,
& David fut obligé de s'enfuir au-
delà du Jourdain avec très-peu de suite
& l'arche du Seigneur, laissant le fi-
déle Chusaï pour dissiper les conseils &
le manege d'Architopel : il prit toutes
les voies de douceur possibles pour ramener ce fils rebelle, & il n'y eut que la
voie des armes qui fit cesser sa révolte :
il périt misérablement dans un combat,
étant resté suspendu par ses cheveux à un
chêne, où il fut percé par Joab à coups
de fleche ; sa mort que David pleura
amérement, rétablit la tranquillité en
Israël, & tout rentra sous l'obéissance
du prince légitime.

D. Quel est l'évènement le plus mémo-
rable du regne de David ?

R. Cette peste cruelle qui désola
toute la Judée, & qui, dans l'espace de
trois jours qu'elle dura, fit périr soi-
xante & dix mille ames ; David s'étoit
attiré ce châtiment, en faisant, par un
principe d'orgueil, sans doute, & de
confiance en ses propres forces, le dé-

nombrement de son peuple dont le nombre des combattans monta à cinq cens mille dans la seule tribu de Juda, & à huit cens mille dans les autres tribus réunies : le remords suivit bientôt cette action qui avoit déplu au Seigneur ; mais son repentir ne lui mérita que le choix de la peine que le prophete Gad lui proposa de la part de Dieu.

Son peuple avoit été peu de tems auparavant, affligé pendant trois ans d'une triste famine, en punition de l'injustice que Saül avoit commise envers les Gabaonites, & qui ne cessa que lorsque David ayant consulté le Seigneur, livra sept des descendans de Saül à la discrétion des Gabaonites qui les firent crucifier ; il épargna toutefois Miphibozeth, fils de Jonathas, pour lequel il eut toujours toute sorte d'égards, en reconnoissance des services qu'il avoit reçus du pere.

D. *Quelles furent les occupations de David pendant les dernieres années de son regne.*

R. David, vainqueur de tous ses ennemis, & jouissant d'une paix générale & solide, tourna toutes ses pensées du côté de Dieu, s'appliqua à étendre, affermir & perfectionner son

culte ; il conçut en conséquence le
dessein de bâtir un temple magnifique
à l'Éternel : il en forma le plan, en désigna le lieu, ramassa tout l'argent &
tous les matériaux nécessaires ; mais
en punition de ses infidélités passées ,
le Seigneur lui en fit interdire l'exécution, & en réserva la gloire à son fils
Salomon, qui fut enfin couronné roi
du vivant de son pere, par les instan-
ces & les sollicitations de Bethsabée sa
mere, pour laquelle David avoit toujours conservé une prédilection sur le
reste de ses femmes ; après cela David
ne s'occupa plus qu'à chanter sur sa
harpe, les différens cantiques qu'il avoit
composés en l'honneur de son Dieu,
& qui sont l'expression de sa reconnoissance , de sa piété & de son repentir. Il fait dans ces cantiques l'énu-
mération des bienfaits qu'il a reçus du
Seigneur, exalte sa puissance & sa gloire , & invite tous les peuples à le chanter avec lui : la plupart de ses pseau-
mes sont prophétiques ; il n'est aucune
circonstance de la vie & de la mort
du messie promis, qui devoit sortir de
sa race, qui lui ait échappé ; il a même
prédit sa gloire & la vocation des peuples à sa loi : c'est ce qui lui a mé-

rité le nom de prophete roi ; il mourut enfin chargé de jours & comblé de gloire, dans la ville qui portoit son nom, où il fut enseveli après avoir régné quarante ans : c'est-à-dire, sept ans à Hebron & trente-trois à Jérusalem.

D. Quel fut le sort de l'arche du Seigneur pendant le regne de David ?

R. Elle resta long-tems dans la maison d'Abinadab sur laquelle elle attira les bénédictions du ciel ; David l'en retira, & la fit transporter dans la maison d'Obededom : c'est dans ce transport qu'Oza fut frappé de mort, pour avoir voulu la soutenir sans être consacré au Seigneur : elle fut enfin amenée à Jérusalem, où elle resta jusqu'à ce qu'elle fût placée dans le temple que Salomon fit bâtir ; David fut à sa rencontre, & plein d'un saint zele, il la précéda chantant ses triomphes sur sa harpe & dansant devant elle, ce qui le rendit méprisable aux yeux de Michol sa femme, qu'il avoit réclamée après la mort de Saül, & qui fut punie de ce mépris par la stérilité ; car elle ne conçut plus dès ce moment.

D. Quelles réflexions morales peut-on faire sur le regne de ces deux premiers rois d'Israël ?

R. On doit, en premier lieu, adorer la profondeur des jugemens du Seigneur dans la réprobation du premier, & toute l'étendue de ses miséricordes sur le second ; ils eurent l'un & l'autre des défauts & des foiblesses, quoique dans un genre bien différent, & celui-ci est appellé un roi selon le cœur de Dieu, l'autre au contraire n'éprouve que des châtimens ; la postérité de David est bénite, elle doit se multiplier à l'infini, & le messie qui en sortira doit en consommer la gloire, tandis que celle de Saül porte la peine de l'imprudence, de la témérité, de l'ambition, de la jalousie & de la cruauté de ce prince ; elle est entièrement éteinte presque dès son commencement : on pourroit, ce me semble, apporter une raison de cette différence ; c'est que les défauts de Saül étoient des défauts de l'esprit, qu'il y avoit dans ses actions un principe d'impiété, & qu'il fut sourd également & à la voix de sa conscience & à celle des prophètes. Les foiblesses, au contraire, de David, étoient des foiblesses du cœur, elles méritent en quelque sorte plus d'indulgence, le moindre avertissement d'ailleurs, & le moindre remords le ra-

menoient à Dieu, & l'erreur d'un inftant fut fuivie d'une pénitence auffi
conftante qu'auftere.

Des idées fublimes de la Divinité, un
faint refpect, une aveugle foumiffion à
fes ordres, une humilité toujours fou-
tenue, une grandeur d'ame qui le rendoit fupérieur aux revers & à l'infortune, un fond de bonté que les injures
les plus atroces, & les malédictions
les plus révoltantes d'un Semeï, les
traitemens les plus inhumains d'un
Saül, l'ingratitude la plus monftrueufe
d'un Abfalom n'altérerent jamais : voilà
à-peu-près le caractere du roi prophete, & les vertus qui ont rendu fa
mémoire éternelle.

La feconde réflexion qui fe préfente,
eft que les rois, comme le refte des
hommes, font entre les mains de Dieu,
que ce n'eft jamais impunément qu'ils s'é-
cartent des loix, & que le compte qu'ils
ont à rendre eft en proportion du rang
qui les éleve ; ils font traités avec d'autant plus de févérité, qu'ils ont plus
reçu & qu'ils ont de plus grands devoirs à remplir ; on ne fauroit cependant leur réfifter fans crime, parce que
leur autorité vient de Dieu, & qu'ils
ne reconnoiffent que lui pour fupérieur
& pour maître.

On peut, en troisieme lieu, considérer que Dieu punit souvent sur les peuples même les infidélités & les fautes des rois, comme un pere est quelquefois puni dans ses enfans ; c'est à eux par conséquent, s'ils aiment leur peuple, à ne pas attirer sur lui, par leur conduite, la colere du ciel ; Dieu vengera d'ailleurs sur eux, tôt ou tard, les innocens qu'il a punis à leur occasion.

CHAPITRE XIII.

Du regne de Salomon, Roi d'Israël.

D. *Donnez-nous une idée du commencement du regne de Salomon ?*

R. Salomon fut couronné roi d'Israël du vivant même de David son pere, comme nous l'avons déjà vu, dans le tems qu'Adonias son frere aîné, jaloux de cette préférence qu'il avoit tout lieu de soupçonner, affectoit l'autorité suprême, & faisoit tous ses efforts pour se former un parti. A peine David fut-il mort, que réveillant ses prétentions, & faisant suppléer la ruse à la force, il feignit de renoncer à ses prétendus droits, pourvu qu'on lui accordât cette Sunamite qui avoit partagé la couche de son pere, pour le réchauffer sur ses vieux jours. Sans doute que cette démarche fut l'effet des conseils de Joab & du grand-prêtre Abiathar qui s'étoient déclarés pour lui ; mais elle fut funeste à tous les trois ; car Salomon prévoyant les desseins de ces ambitieux, fit massacrer Adonias & Joab, ne fit grace à Abiathar que parce qu'il avoit porté l'arche du Seigneur en présence de David son pere : il se contenta de lui enlever la souveraine sacrificature, & par ce coup de vigueur il affermit la couronne sur sa tête & rendit son regne paisible, qui sans cela eût été extrêmement orageux.

Il punit à-peu-près dans le même tems Semeï d'être sorti de Jérusalem, contre la défense qu'il lui en avoit faite, & vengea par sa mort David son pere, des malédictions que cet audacieux sujet avoit prononcées contre lui.

Tranquille possesseur du trône, Salomon demanda & obtint en mariage la fille de Pharaon, roi d'Egypte ; &

l'Écriture nous dit qu'il marchoit sur les traces de David son pere, imitant sa piété & sa fidélité envers Dieu ; ses vertus ne resterent pas long-tems sans récompense, car le Seigneur lui offrit dans un songe mystérieux de lui accorder ce qu'il lui plairoit de demander ; il préfera la sagesse aux honneurs & aux richesses qui lui étoient offerts, & il reçut avec elle les trésors & la gloire qu'il ne demandoit pas : il excita bientôt l'admiration de son peuple, par ce fameux jugement qui le mit à même de discerner la vérité de l'imposture, & la justice de l'iniquité : deux femmes s'étant présentées devant lui revendiquant toutes les deux le même enfant, il découvrit quelle en étoit la véritable mere, en ordonnant qu'on le partageât par le milieu, & l'adjugea à celle qui s'opposa à ce partage ; voilà ce que nous offre de plus remarquable le commencement du regne de ce prince.

D. Quel fut le plus célebre monument du regne de Salomon ?

R. Le temple de Jérusalem qu'il fit bâtir avec une magnificence jusqu'alors inconnue : il fut construit sur le modele du tabernacle que Moïse avoit dreſſé dans le déſert, de même que les meubles ſacrés qui étoient deſtinés pour le ſervice : on peut juger de la vaſte étendue de ce bâtiment, & de ceux qui l'environnoient, par la longueur du tems & le nombre des ouvriers qui y furent employés ; il ne fallut rien moins que ſept ans révolus pour le perfectionner, & pendant cet intervalle, quatre-vingts mille tailleurs de pierre, & trois mille ſix cens ouvriers pour élever & conduire l'édifice, travaillerent ſans relâche ; on n'entendit cependant jamais le bruit des marteaux, parce que les pierres & les bois étoient taillés dans le déſert & qu'on les tailloit avec tant d'exactitude, que tranſportés à Jéruſalem, on n'avoit nullement beſoin d'y toucher.

Quant à ſa magnificence elle étoit inconcevable ; l'or le plus pur brilloit de toute part, tout ce que la ſculpture a de plus recherché y étoit étalé avec le plus grand goût, & on n'employa que les bois les plus précieux ; de ſorte qu'on peut aſſurer que c'étoit de tous les édifices de ce tems-là, le plus ſomptueux, le plus riche, le plus vaſte, le mieux ordonné, & le mieux fini : il fit juſqu'à ſa deſtruction l'admiration & la furprife de tous ceux qui le virent ; & il excita plus d'une fois la jaloufie & l'ambition des ennemis du peuple de Dieu.

Salomon en célébra la dédicace vers l'an du monde 3000, avec une pompe & un appareil dignes du Dieu auquel il le confacroit ; le nombre des victimes qu'il immola eft prefque incroyable ; on compte jufqu'à vingt mille bœufs & cent vingt mille moutons immolés, fans les hofties pacifiques & les holocauftes que le feu confuma. Le Seigneur montra que ce lieu lui étoit agréable ; car il le remplit de fa gloire, & le nuage qui en étoit la figure, empêchoit les fonctions des prêtres ; la folemnité dura quatorze jours, tout le peuple y fut appellé & fe retira plein de joie, béniffant ce prince pieux & bienfaifant que le Seigneur lui avoit donné dans fa miféricorde.

Ce ne fut pas là le feul monument qu'il éleva, il fit bâtir enfuite deux palais magnifiques, qu'il décora avec tout l'éclat poffible ; l'or, l'argent, les pierres précieufes, les bois les plus rares, tout y fut employé avec la plus grande profufion & avec beaucoup de délicateffe. Il fit conftruire auffi plufieurs maifons royales à la campagne avec

la même fomptuofité, & il s'y retiroit
fouvent pour y goûter les douceurs du
repos.

Il environna fon trône du plus im-
pofant appareil : mais quelque brillante
que fût fa cour, quelque nombreufes
que fuffent fes richeffes, il en faifoit
lui-même le principal ornement, & les
rois étrangers venoient plus encore
pour admirer fa fageffe, que pour jouir
du fpectacle de fon opulence : toutes
fes paroles étoient des oracles, & fes
paraboles font encore de nos jours,
comme elles l'étoient alors, l'expreffion fublime de la vertu.

D. *Après de fi grandes entreprifes, à
quoi s'occupa ce prince religieux ?*

R. Il profita de cette paix générale
qui régnoit dans fes états, pour rétablir les villes de fon royaume, pour
entourer de murs celles qui n'en
avoient point, & pour les mettre, autant qu'il étoit en lui, à l'abri des in-
fultes des ennemis qui pourroient lui
furvenir, ou les mettre du moins en
état de défenfe ; pour lui il fut toujours
refpecté de fes voifins, qu'il refpec-
toit à fon tour, & il mérita à jufte titre
le nom de prince pacifique.

D. *Quel jugement doit-on donc porter
de Salomon ?*

R. Qu'il fut le prince le plus sage, le plus éclairé, le plus magnifique, le plus grand en un mot, de son siecle, mais en même tems le plus ingrat & le plus malheureux : il ternit en effet, & effaça presque la gloire de son regne par la plus criminelle idolâtrie : ce prince à qui rien n'avoit échappé dans la nature, qui disputa sur tout, depuis le cedre jusqu'à l'hysope, méconnut enfin le Dieu qui l'avoit si noblement enrichi : il abusa de sa science en renonçant à la sagesse ; esclave de ses plaisirs, il le fut aussi de celles qui en étoient & les instrumens & l'objet, & il prostitua son encens après avoir prostitué son cœur ; triste exemple de fragilité qui doit être pour nous un fond inépuisable de réflexions, & un sujet constant de crainte.

D. Salomon ne répara-t-il pas son crime par le repentir ?

R. Nous l'ignorons ; il est fait mention dans l'Écriture de son infidélité & non pas de sa pénitence ; les sentimens des interpretes & des docteurs sont partagés sur ce point ; tout ce que nous savons, c'est que le Seigneur le punit même avant sa mort, en lui faisant annoncer la division de son royaume, laissant

à son fils Roboam la seule tribu de
Juda pour héritage, & transportant l'empire des dix autres tribus à Jeroboam, fils d'un de ses propres domestiques. Salomon régna quarante ans
sur Israël. Après sa mort, Roboam con-
tribua par sa hauteur, sa dureté envers
le peuple, & sa mauvaise conduite,
à l'exécution des châtimens du Seigneur; la seule tribu de Juda lui resta
fidelle, & les dix autres tribus se sé-
parerent après avoir élu Jeroboam pour
roi, qui l'avoit déjà été par le prophete Ahias.

D. *Quel est donc l'ordre que vous sui-
vrez dans la suite ?*

R. Nous commencerons à parler des
rois d'Israël, dont le regne a été plus
court que celui des rois de Juda, qui s'é-
tend jusqu'à la venue du messie.

CHAPITRE XIV.

Des Rois d'Israël.

D. QUELLE *fut la conduite de Jeroboam,
successeur de Salomon ?*

R. Jeroboam, écoutant plutôt la voix
de la politique que celle de la religion,

commença son regne par l'idolâtrie :
il défendit aux tribus d'aller sacrifier
à Jérusalem, dans la crainte que l'unité
de culte ne ramenât encore l'unité de domination ; il érigea en conséquence deux
veaux d'or, l'un à Dan, l'autre à Bethel, & leur dressa des autels où il sa-
crifioit lui-même ; le Seigneur lui fit
sentir cependant qu'il avoit ce culte en
abomination ; car l'autel sur lequel il
offroit des sacrifices, se brisa, & la
main qui immoloit ces sacrileges victimes sécha à l'instant ; l'usage lui en
fut rendu toutefois après qu'il se fut
humilié devant le prophete que Dieu
lui envoya pour lui prédire la ruine
entiere de sa famille ; elle lui fut encore confirmée par le prophete Ahias,
que sa femme avoit été consulter sous
un habit étranger, sur la maladie de
son fils : toutes ces prédictions ne
changerent point le cœur de Jeroboam ; il s'endurcit & mourut dans son
impiété, après un regne de vingt-deux
ans.

*D. Donnez-nous en abrégé la suite des
rois d'Israël & une idée de leurs mœurs.*

R. Nadab, fils de Jeroboam, lui succéda, il marcha sur les traces de son
pere ; mais il ne régna que deux ans.

Baasa, fils d'Ahia, de la tribu d'Issacar, le massacra sous les murs de Gebbethon, ville des Philistins, dont Nadab faisoit le siege avec une armée nombreuse.

Baasa s'empara du trône après ce régicide, & Dieu se servit de lui pour exterminer toute la race de Jeroboam : il fut continuellement en guerre avec Asa, roi de Juda : il entretint l'idolâtrie de Jeroboam & fut encore plus méchant que lui ; c'est pourquoi le Seigneur lui envoya le prophete Jehu pour lui annoncer la destruction de sa maison ; il régna cependant vingt-quatre ans, & mourut à Thersa où il fut enterré dans le tombeau de ses peres.

Ela, fils de Baasa, lui succéda : il ne régna que deux ans ; il fit le mal devant le Seigneur, comme Baasa son pere ; il massacra lui-même le prophete Jehu, parce qu'il avoit prédit sa perte & celle de sa famille ; il fut lui-même massacré par Zambri, qui n'épargna personne de la race de Baasa, & qui usurpa l'empire dans le tems que l'armée continuoit le siege de *Gebbethon* : mais il ne régna que sept jours ; car ayant appris que les enfans d'Israël s'étoient choisi pour roi à Gebbethon *Amri* qui se disposoit à marcher contre lui, il se brûla lui & toute sa famille dans son propre palais.

Amri, délivré de Zambri, eut encore un compétiteur dans la personne de *Thebni*, fils de *Ginoth*, qu'une partie du peuple avoit élu : mais la mort l'en délivra bientôt, & tout Israël se rangea de son côté : ce prince, plus impie encore que ses prédécesseurs, établit le siege de son empire à Samarie qu'il fit bâtir lui-même, après avoir acheté de Somer la montagne sur laquelle il la fit construire. Il mourut enfin chargé d'iniquités après avoir régné douze ans sur Israël.

Achab, son fils, hérita du trône : il surpassa son pere en impieté ; peu content d'entretenir & de fortifier le peuple dans l'idolâtrie des veaux d'or, & dans le culte superstitieux des hauts lieux, il épousa encore la fameuse *Jezabel*, fille du roi des Sidoniens, & avec elle ses dieux ridicules : il fit en conséquence élever un temple à Baal dans Samarie même, & força le peuple à l'adorer avec lui ; il commit encore bien d'autres sacrileges, & irrita tellement le Seigneur, qu'il appesantit sa main

fur lui & fur fon peuple d'une maniere à faire trembler tous les princes
qui refufent de le fervir.

C'eft à-peu-près vers ce tems que
Hiel de Bethel rétablit la ville de Jéricho : mais ce ne fut pas impunément ; car les malédictions que Jofué
prononça lors de fa deftruction contre
celui qui la rétabliroit, tomberent fur
lui.

C'eft auffi vers ce tems-là que Dieu
fufcita le prophete Elie pour ramener
Ifraël à fon culte. Il fut gratifié du double don de prophétie & de miracles : il
fermoit & ouvroit le ciel à fon gré
& en faifoit defcendre des pluies fa-
lutaires, ou en fufpendoit les bienfaits.
Il fut nourri miraculeufement, ou par
des corbeaux ou par des anges : les
plus remarquables de fes prodiges,
font 1°. le feu du ciel qu'il fit defcendre
pour dévorer l'holocaufte qu'il offroit
au Seigneur, & qui fut fuivi du maffacre de tous les prêtres de Baal, qu'il
avoit confondus par ce prodige, qu'ils
ne purent jamais imiter, pour juftifier
le culte de leur facrilege divinité.

2°. L'inépuifable fécondité du vafe
d'huile & de la farine de la veuve de
Sarepta, qui l'avoit accueilli dans un
tems

tems de famine, & la réfurrection de fon fils.

3°. Le paſſage du Jourdain ſur ſon manteau : il ne prédit que des malheurs à Iſraël, & toutes ſes prédictions ſe vérifierent : il fut pourſuivi à toute outrance par *Jezabel*, & il fut toujours délivré de ſes mains par la protection du ciel : Achab s'humilia plus d'une fois à ſa parole, mais ſans ſe convertir entiérement. Dieu permit enfin qu'il fût trompé par de faux prophetes, & il périt dans un combat qu'il avoit livré, de concert avec Joſaphat, roi de Juda, aux Syriens qui s'étoient rendus maîtres de la ville de Galaad, & qu'ils vouloient reprendre ſur lui. Achab régna vingt-deux ans ſur Iſraël : il ſoutint pluſieurs guerres avec des ſuccès différens, il bâtit pluſieurs villes, & une maiſon revêtue d'ivoire, qui en conſéquence s'appella toujours le palais d'ivoire. *Ochozias* ſon fils, prit après ſa mort les rênes du gouvernement ; il fut plus impie que ſon pere, & régna ſeulement deux ans : affligé d'une maladie cruelle, loin de s'adreſſer au Seigneur, il envoya conſulter Beelzebuth, dieu d'Acaron. Le prophete Elie arrêta ſes envoyés & re-

E

tourna avec eux pour annoncer au roi qu'il cesseroit bientôt de vivre : ce prophete continua, sous le regne d'Ochozias, ses prédictions & ses miracles : il fit périr par le feu du ciel les envoyés de ce prince avec leur troupe, & ne craignit pas de venir lui-même lui annoncer une seconde fois sa mort.

Ochozias étant mort sans enfans, Joram son frere lui succéda, & il régna douze ans à Samarie : il persista dans l'idolâtrie de ses peres, avec cette différence qu'il n'adora point Baal comme son pere ; il renouvella l'alliance avec le roi de Juda, & ils marcherent ensemble contre les Moabites, qui s'étoient séparés du peuple d'Israël, & qui furent entiérement défaits.

On doit placer sous Joram l'enlevement du prophete Elie dans un char de feu, en présence de son disciple Elisée, qui fut revêtu de son double esprit, & qui renouvella les mêmes prodiges : il prophétisa les malheurs d'Israël, & en particulier de son roi, qui le traita toujours en ennemi, & qui ajouta même les mépris aux embûches : il eut pourtant recours à lui plus d'une fois pour faire cesser les calamités de son peuple, & sur-

tout dans une famine cruelle qui dé-
foloit tout Ifraël.

Les crimes de Joram étant à leur
comble, le prophete eut ordre de Dieu
d'envoyer un de fes difciples à Jehu,
fils de Jofaphat, de Ramoth Galaad,
pour le facrer roi d'Ifraël, à condition qu'il détruiroit entiérement les
reftes de la maifon d'Achab, & qu'il ven-
geroit les meurtres & les adulteres de
l'infâme *Jezabel* : ce qu'il exécuta ; car
s'étant rendu dans la ville de Jezrahel,
où *Joram* fe trouvoit avec *Ochozias*, roi
de Juda, il perça le premier d'une
fleche qui le laiffa mort fur la place,
& fit tuer le fecond : il fit enfuite
périr tous les enfans *d'Achab* & les
freres *d'Ochozias* ; il n'épargna pas
non plus les prêtres de Baal qu'il fit
tous maffacrer, après s'être fervi d'une
rufe pour les réunir tous dans un même
lieu, brûla les autels de cette chimé-
rique divinité, & abattit fon temple.
Il fit enfin précipiter *Jezabel* d'une fe-
nêtre, & fon corps, fuivant la prédiction du prophete Elie, fut dévoré
par les chiens.

Il ne manquoit à *Jehu* pour être un
prince felon le cœur de Dieu, que
de s'éloigner de la proftitution de Je-

roboam, & d'abattre les veaux d'or,
qui depuis ce prince étoient l'objet de
l'idolâtrie du peuple : mais il se contenta d'accomplir les ordres du Seigneur
sur la maison d'Achab, & ne fit pas
tout le bien qu'il auroit pu faire ;
c'est pourquoi le Seigneur suscita Ha-
zaël contre son peuple, & cet ennemi
prévalut dans toutes les occasions, &
s'empara de plusieurs villes & d'une
grande étendue de pays dans Israël.
Jehu mourut, & fut enterré à Samarie après un regne de vingt-huit ans.
Il eut pour successeur *Joachas* son fils,
dont le regne fut de dix-sept ans ; il
poussa l'impiété jusqu'à son comble,
& attira sur son peuple des maux infinis. Il fut constamment opprimé par
les Syriens qui le réduisirent à la derniere extrémité : il s'humilia cependant
sous la main du Seigneur, par l'avis
du prophete Elisée, & Israël fut délivré de l'oppression par *Joas*, fils & successeur de *Joachas*, qui battit jusqu'à
trois fois le roi de Syrie, suivant la
prédiction d'Elisée ; ce fut la derniere
qu'il prononça ; car il mourut peu de
tems après. Ce prophete opéra des
prodiges jusques dans son tombeau ;
car il rendit la vie à un cadavre qui

avoit été jetté par des voleurs dans son tombeau.

Joas fut aussi en guerre avec Amasias, roi de Juda, qui l'avoit défié ; il triompha de ce prince, le fit son prisonnier, poussa jusqu'à Jérusalem, renversa une partie des murs de la ville & pilla le temple. Il régna seize ans à Samarie, & vécut dans l'infidélité de ses peres.

Jeroboam, second fils de *Joas*, posséda l'empire après lui, son regne fut de quarante-un ans ; mais il ne fut rien moins que paisible, il eut sans cesse sur les bras les Syriens, sur lesquels il remporta plusieurs avantages, & reprit sur eux beaucoup de villes : ce fut encore un prince infidele comme ses prédécesseurs, & il fit le mal devant le Seigneur.

On place sous son regne la prédication du prophete Jonas aux Ninivites.

D. Faites-nous en passant, & en peu de mots, l'histoire de ce prophete.

R. Jonas reçut ordre du Seigneur d'aller à Ninive pour prêcher la pénitence à ses habitans ; au lieu de s'embarquer pour cette ville, il monta sur une espece de vaisseau qui faisoit voile vers Tharsis ; une tempête affreuse s'éleva, & le vaiſſeau étoit prêt d'être ſubmergé, lorſqu'on s'aviſa d'imaginer que cette tempête étoit la punition du crime de quelqu'un de l'équipage, & que Dieu demandoit une victime. Sur ce principe on tire au ſort pour ſavoir quel étoit celui qui devoit être ſacrifié : le ſort tomba ſur Jonas qui reconnoiſſant ſa faute, en ſubit la peine ſans murmure ; il fut donc précipité dans la mer & englouti à l'inſtant par une baleine, qui, après l'avoir gardé trois jours dans ſon ſein, le rejetta plein de vie ſur le rivage ; & à ce qu'on préſume, fort près de Ninive, où il ſe rendit enfin, pour remplir ſa miſſion qui fut ſuivie du plus grand ſuccès. Les interpretes ont vu dans Jonas la figure de Jeſus-Chriſt reſſuſcité.

D. *Reprenez maintenant le fil de l'hiſtoire des rois d'Iſraël.*

R. Après la mort de Jeroboam II, le royaume d'Iſraël fut agité de grands troubles, occaſionnés au-dedans par une anarchie de douze ans, & au-dehors par les fréquentes incurſions des Syriens & des autres peuples voiſins. *Zacharie*, fils de Jeroboam, monta enfin ſur trône qu'il n'occupa

que fix mois, imitant fes prédéceffeurs dans leur impiété : il fut tué
publiquement par *Sellum*, fils de *Jabes*,
qui s'empara du gouvernement, &
ne le conferva qu'un mois. *Manaf-
fen*, fils de Gadi, le mit à mort au
milieu de Samarie, & régna à fa
place pendant dix ans ; il s'affermit
fur le trône par des cruautés, & s'y
maintint en fe rendant tributaire de
Phul, roi des Affyriens ; il foula le
peuple & les grands par des impôts,
pour pouvoir payer les tributs, & per-
févéra dans l'idolâtrie de fes peres.
Après lui Phaceïa fon fils, régna
deux ans, il fut idolâtre comme fes
peres.

Phacée, fils de Romélie, conjura
contre lui, & lui arracha la vie & la
couronne, qu'il porta pendant vingt
ans, faifant auffi le mal devant le
Seigneur.

C'eft fous fon régne que Teglat-
Phalafar, roi d'Affur, fit une irruption dans le pays d'Ifraël, & emmena
çaptive en Affyrie, toute la tribu de
Nephtali : Tobie fut compris dans
cette difgrace.

D. *Dites-nous un mot de cet homme
miféricordieux.*

E 4

R. Tobie étoit un homme juste &
craignant Dieu, qui le servoit avec
zele, tandis que ses freres le déshono-
roient par un culte prophane. Transporté à Ninive avec une partie de
sa tribu, il n'abandonna pas la voie
de la vérité & la loi de ses peres :
ayant trouvé grace aux yeux de Sal-
manasar, roi des Assyriens, il avoit la
liberté d'aller où il vouloit ; il en
profitoit pour aller sacrifier toutes les
années à Jérusalem : il s'occupa pendant la captivité, à rendre à ses freres
tous les services qui dépendoient de
lui, les secourant dans leurs besoins,
les aidant de ses conseils, les servant
dans leurs infirmités, & leur donnant
enfin secrétement la sépulture dans sa
maison après leur mort, malgré les
défenses du roi ; il eut plus d'une persécution à essuyer de la part de Sennacherib pour cette œuvre de miséricorde.

Sa piété fut récompensée par des
épreuves : Dieu permit qu'il perdît la
vue, & sa femme & ses amis en
prirent occasion de tourner en ridicule
sa fidélité envers Dieu, ce qu'il souf-
frit avec beaucoup de patience.

Après avoir été long-tems éprouvé,

le Seigneur se souvint de lui & il recouvra la vue par le fiel d'un poisson que son fils, guidé par l'ange Raphaël que Dieu lui avoit donné pour conducteur dans le voyage qu'il fit pour demander en mariage la fille de Raguël, lui appliqua sur les yeux à son retour : il mourut enfin âgé de cent deux ans, comblé de biens & de mérite, laissant à la postérité un exemple éternel de miséricorde & de justice ; il donna, avant de mourir, de très-beaux préceptes à son fils qui marcha sur ses traces, & prédit la cessation de la captivité, la subversion de Ninive & le rétablissement de Jérusalem, qui, comme nous le verrons, fut presqu'entiérement détruite avec son temple, pendant le tems que les Juifs étoient captifs dans l'Assyrie.

D. Reprenez le fil de l'histoire des rois.

R. Après la mort de Phacée, il y eut encore un interregne de neuf ans, à raison de la guerre des Assyriens. Enfin Osée, fils d'Ela, monta sur le trône qu'il occupa neuf ans ; sous lui l'abomination des enfans d'Israël s'accrut tellement, que le culte du vrai Dieu s'éteignit presque en entier : Ofée s'aveugla cependant au point, que de refufer de payer aux Affyriens les tributs accoutumés, & qui étoient le feul gage de la paix dont il jouiffoit ; fecondant par cette réfiftance les vengeances du Seigneur, qui, laffé de la prévarication de fon peuple, le livra entre les mains de Salmanafar, & toutes les tribus furent difperfées & réduites en la plus dure captivité. Samarie fut prife après trois ans de fiége, & peuplée de nouveaux habitans, qui donnerent naiffance au culte Samaritain ; car fes nouveaux habitans ignorant les préceptes & la loi du Seigneur, on leur envoya à leur réquifition un prêtre d'Ifraël pour les inftruire, & ils allierent monftrueufement le culte légitime avec celui des idoles. Ainfi finit le royaume d'Ifraël, dont Ofée fut le dernier roi, après avoir fubfifté pendant 265 ans, depuis le fchifme des tribus.

D. *La prévarication du peuple d'Ifraël fut-elle générale fous le regne de fes rois ?*

R. Les Ifraélites étoient portés d'eux-mêmes à l'idolâtrie ; nous avons vu qu'ils commencerent à donner dans cet égarement de l'efprit, d'abord après leur fortie d'Egypte : les hiftoriens racontent même, que captifs en Egypte, une grande partie en adorerent les dieux, & cette conjecture historique devient une espece de certitude, si l'on examine la prédilection qu'ils avoient pour les veaux d'or, divinité favorite des Egyptiens; fortifiés & enhardis par l'exemple de leurs rois, ils durent par conséquent s'y livrer avec moins de ménagement; enforte qu'on peut assurer sans crainte, que ce crime détestable étoit général en Israël: Dieu se réserva cependant toujours quelques ames fidelles, qu'il conservoit dans le secret de sa face, & qui ne fléchissoient point le genou devant l'idole: mais le nombre en étoit petit, & rien moins que suffisant pour donner à tout le peuple la dénomination de peuple fidele.

D. Comment donc peut-on appeller ce peuple, le peuple de Dieu?

R. 1°. Il mérite ce titre parce que Dieu le protégea toujours, & qu'il fit éclater en tout tems sa puissance en sa faveur; 2°. parce qu'il y a eu depuis sa sortie d'Egypte une succession non interrompue de prophétes, qui, par leurs prédications & leurs menaces, ramenoient de tems en tems le peuple au repentir ; 3°. parce que le peuple de Dieu comprenoit également, & le peuple d'Ifraël & le peuple de Juda, qui dans l'origine n'avoient fait qu'un même peuple, & qui fut encore confondu après la difperfion du peuple d'Ifraël, comme nous le verrons bientôt.

D. *Le peuple de Juda fut-il plus fidele au Seigneur que le peuple d'Ifraël ?*

R. C'eft ce que nous examinerons bientôt fous le regne de fes rois : nous dirons en attendant, que le culte du vrai Dieu fouffrit chez ce peuple bien des alternatives ; la prévarication n'y fut cependant, ni générale, ni conftante.

D. *Quelles réflexions morales tirez-vous de l'hiftoire des rois d'Ifraël ?*

R. La premiere qui fe préfente naturellement, c'eft que la politique eft fouvent la ruine de la religion, & que la ruine de la religion entraîne celle d'un état.

La feconde qui n'eft pas moins naturelle, c'eft que les princes font toujours, ou prefque toujours, la regle des mœurs de leurs fujets ; font-ils pieux, les peuples rougiroient de ne pas l'être, du moins à l'extérieur ; font ils impies, les sujets, soit crainte de déplaire, soit vue d'intérêt, soit inclination naturelle, se font une gloire de marcher sur leurs traces : on doit en conclure qu'ils sont plus malheureux que le reste des hommes, & qu'ils portent les iniquités de leur peuple & les leurs propres, lorsqu'ils ont le malheur d'influer sur leur conduite.

La troisieme enfin, c'est que Dieu se lasse, & qu'après avoir soutenu long-tems les outrages d'un peuple, après avoir long-tems menacé, exhorté, frappé même dans sa miséricorde, il frappe enfin dans sa colere, & ne met plus de bornes à ses châtimens, comme il n'en avoit point mis à sa clémence.

CHAPITRE XV.

Des Rois de Juda.

D. *Donnez-nous la suite des rois de Juda & une idée de leurs mœurs.*
R. Il faut remonter à *Roboam*, fils de Salomon, sous lequel arriva la séparation des tribus & la division du

royaume d'Ifraël d'avec celui de Juda : il ne régna que fur la tribu de Juda & de Benjamin : la plus grande partie des Lévites chaffés par *Jeroboam*, fon compétiteur, fe rangea de fon côté, & *Roboam* leur bâtit des villes. Il voulut tenter de ramener par la voie des armes les autres tribus à fon obéiffance ; mais Dieu lui fit défendre par le prophete *Semeias* de combattre contre Ifraël.

Roboam fut un prince plein de hauteur & de dureté pour fon peuple qu'il accabla d'impôts ; il fe livra fans ménagement à la débauche, & ne vécut que dans les délices ; il abandonna par conféquent le Seigneur, qui pour le punir le livra entre les mains de *Sefac*, roi d'Egypte, qui, après lui avoir enlevé plufieurs villes, pilla Jérufalem, & enleva tous les tréfors du temple & du palais, & en particulier les boucliers d'or & d'argent que Salomon avoit fait faire, & que *Roboam* remplaça par des boucliers d'airain. Il mourut à Jerufalem après un regne de dix-fept ans, & fut enterré dans la ville de David.

Abia, le plus fage & le plus puiffant des enfans de Roboam, lui fuccéda : il régna trois ans, pendant lefquels il fit la guerre à *Jeroboam*, roi d'Ifraël, fur lequel il remporta une victoire fignalée, parce que, comme dit l'Écriture, le Seigneur combattoit avec lui. *Jeroboam* perdit dans cette guerre cinq cens mille hommes & plufieurs villes.

Afa, fils d'*Abia*, monta fur le trône après lui : fon royaume fut en paix pendant dix ans, après lefquels il triompha d'une maniere éclatante de *Zara*, roi d'Ethiopie, qui lui avoit déclaré la guerre. Encouragé par la prophétie d'*Azarie* contre le royaume d'Ifraël, il s'appliqua à faire fleurir le culte légitime & à abolir l'idolâtrie & les hauts lieux. *Baafa*, roi d'Ifraël, arma en conféquence contre lui ; & *Afa*, fe défiant de fes propres forces & du fecours du Seigneur, appella pour le défendre, à prix d'argent, Benadad, roi de Syrie : ce qui obligea Baafa de fe retirer. Dieu fit faire des reproches à *Afa* par le prophete Hanani, de n'avoir pas mis fa confiance en lui : *Afa* s'irrita contre le prophete & le fit précipiter dans un fleuve : il en fut puni par une douleur infupportable aux pieds, qui malgré tous les fecours des médecins, qu'il confultoit plutôt que

Dieu qui l'affligeoit, le conduifit enfin au tombeau la quarante-unieme année de fon regne, après deux ans de fouffrances incroyables.

Jofaphat, fon fils & fon fucceffeur, régna vingt-cinq ans : il fit fleurir la piété & la religion, & marcha fur les traces d'Afa fon pere ; auffi fon regne fut-il un des plus floriffans de Juda, fes richeffes étoient immenfes, & le nombre de fes troupes montoit jufqu'à onze cens foixante mille hommes : ne fe confiant que dans le Seigneur, il remporta plufieurs victoires fur les Ammonites, les Moabites & les Syriens qui s'étoient ligués contre lui. Mais par fes alliances fucceffivement avec l'impie *Achab & Ochozias*, roi d'Ifraël, il irrita le Seigneur & en fut févérement repris par les prophetes, & puni par l'inutilité de fes entreprifes.

Jofaphat eut pour fucceffeur fon fils *Joram*, prince cruel & impie, & dont la mémoire eft en exécration : il commença fon regne par le maffacre de tous fes freres ; & imitant les rois d'Ifraël, il introduifit l'idolâtrie & le culte fuperftitieux des bois dans Juda ; il reçut une lettre du prophete Elie qui lui reprochoit ses crimes & qui lui prédisoit le plus affreux châtiment : en effet, il fut attaqué d'une maladie si terrible, qu'il rendoit par partie ses entrailles par le fondement, sans qu'on pût apporter le moindre soulagement à ses maux : en outre les Philistins & les Arabes firent une irruption sur ses terres, saccagerent tout, enleverent tout ce qu'ils rencontrerent & massacrerent tous les enfans de Joram, à l'exception d'*Ochosias*, le plus jeune de ses fils. Il mourut enfin dans les plus affreuses douleurs, après un regne de huit ans ; le peuple ne lui fit point d'obseques, & il fut privé de la sépulture des rois.

Ochozias, son fils, fut élu après lui par le peuple de Jérusalem ; il fut aussi impie que son pere & ne régna qu'un an ; il périt par l'ordre de Jehu avec *Joram*, roi d'Israël, & fut confondu dans la ruine de la maison d'Achab.

Athalie, sa mere, ayant appris sa mort, fit massacrer toute la race royale, afin de s'assurer le trône à elle-même. *Josabeth*, fille de Joram, prit des mesures pour soustraire *Joas*, un des fils du roi, à la cruauté d'Athalie, & il fut remis à la garde de *Joyada*, souverain pontife, qui le tint caché pendant les six années du regne d'Athalie.

Parvenu à l'âge de sept ans, il fut reconnu & sacré roi par les Lévites, & une partie du peuple, dans l'enceinte même du temple, où Athalie accourut en fureur, & fut mise en pieces sur la place.

Joas, placé sur le trône, ne se comporta pendant la vie de *Joyada*, que par les conseils de ce respectable vieillard : il s'appliqua à réparer le temple du Seigneur, qu'Athalie & ses enfans avoient considérablement dégradé, transportant dans le temple de *Baal* les meubles sacrés du temple.

Après la mort de *Joyada*, il s'écarta des sentiers de la vertu, & abandonnant le temple du Seigneur pour servir les dieux étrangers ; le Seigneur suscita plusieurs prophetes pour ramener le peuple : ils ne furent point écoutés : *Joas* fit même périr le prophete *Zacharie*, fils de *Joyada*, pour lui avoir prédit la descente des Syriens & les malheurs de Juda. L'événement justifia bientôt la prédiction du prophete ; Jérusalem & toute la terre de Juda fut pillée, & *Joas*, peu de tems après, fut tué dans son lit par deux de ses officiers. Il avoit régné quarante ans, & si les commencemens de son regne le rendirent cher à son peuple, la fin lui attira la haine de ses sujets, ils la pousserent jusqu'à le priver de la sépulture des rois.

Amasias fut proclamé après la mort de *Joas* son pere, qu'il vengea d'abord sur ses meurtriers. Il eut guerre avec les Iduméens, qu'il battit & dont il adora les dieux : c'est pourquoi il fut livré entre les mains de *Joas*, roi d'Israël, qui le prit, & pilla Jérusalem & le temple ; ses sujets irrités de sa conduite, lui tendirent des pieges à Jérusalem, & le tuerent enfin la vingt-neuvieme année de son regne.

Osias ou *Azarias* monta sur le trône après la mort de Joas son pere ; il fut d'abord fidele au Seigneur, & ses armes prospérerent, sa puissance s'agrandit, il bâtit plusieurs villes, triompha des Philistins, des Arabes & des Ammonites, & s'enrichit à leurs dépens. Cette prospérité lui fut funeste, il en prit occasion de s'énorgueillir, & il poussa la témérité jusqu'à vouloir brûler lui-même l'encens sur l'autel du Seigneur dans son temple, au mépris de ses loix & du sacerdoce ; il résista

même à *Azarie* & aux Lévites qui vouloient s'oppofer à ce facrilege abus ,
& le Seigneur le frappa dans ce moment d'une lepre univerfelle qu'il conferva jufqu'à fa mort & qui le rendît
inhabile au gouvernement. *Joathan* ,
fon fils , régna en fon nom , jufqu'à
ce que la mort de fon pere le rendît
maître de l'empire. *Ofias* mourut dans
la cinquante-deuxieme année de fon
regne : c'eft fous fon regne que les prophetes commencerent à publier leurs
prophéties.

Le regne de *Joathan* , fils d'*Ofias* , fut
paifible & glorieux ; il fit le bien devant le Seigneur , & n'imita point la
témérité de fon pere ; il triompha des
Ammonites , amplifia l'héritage de fes
peres & mourut après un regne de
feize ans.

Achaz , fon fils , lui fuccéda : il mérita le furnom d'impie ; car ayant fait
fermer les portes du temple , il entraîna
le peuple de Juda dans la plus criminelle
idolâtrie , il éleva des autels à Baal &
aux dieux étrangers , & il n'y eut point
de culte prophane & fuperftitieux qu'il
n'introduisît dans fes états : il fit même
paffer fes enfans par le feu , felon l'u-
fage des nations idolâtres. Il attira par

ces abominations les plus grands maux sur son royaume qui fut entamé de tous côtés, & livré à la rapacité des peuples voisins. Les Assyriens, les Philistins, les Iduméens, les Israélites même le dévasterent tour à tour : ces châtimens, loin de le faire rentrer en lui-même, ne firent qu'augmenter son impiété : il mourut après seize ans de regne, dans l'endurcissement où il avoit toujours vécu.

On place sous son regne la fondation de Rome.

A l'impie *Achaz* succéda *Ezechias*, son fils, prince pieux & craignant Dieu, qui répara les maux que son pere avoit faits à la religion : il ne se contenta pas d'abolir l'idolâtrie, & de détruire les lieux infâmes où Juda prostituoit son encens & ses vœux, il fit ouvrir les portes du temple, rétablit l'ordre parmi les Lévites, fit revivre les solemnités de Sion & appella tout le peuple pour venir partager la joie du rétablissement du culte. Ne mettant sa confiance qu'en Dieu, ce Dieu bon qui favorise toujours ceux qui le servent, le délivra de Sennacherib, roi des Assyriens, qui menaçoit toute la Judée avec une armée formidable, & qui invitoit les enfans de Juda à blasphêmer avec lui le nom du Seigneur. Il ne put se défendre, après une victoire signalée, d'un sentiment de vanité qui déplut à Dieu : il reconnut cependant sa faute qui lui fut pardonnée à raison de la pénitence qu'il en fit & qu'il en fit faire aux habitans de Jérusalem ; & l'arrêt de sa mort prononcé par *Isaï* fut révoqué ; il vécut encore quinze ans, & mourut après en avoir régné vingt-neuf : il étoit contemporain d'Osée, sous lequel le royaume d'Israël prit fin.

Manassés régna après *Ezechias* son pere ; mais il dégénéra de sa piété, & porta l'idolâtrie aux derniers excès. Sourd aux menaces & aux avertissemens des prophetes, la main du Seigneur s'appesantit enfin sur lui, & les Assyriens étant venus fondre sur Jérusalem, ils emmenerent *Manassés* captif à Babylone avec une grande quantité de peuple : ses chaînes lui firent ouvrir les yeux sur ses égaremens, il se convertit au Seigneur & fut rétabli sur son trône, qu'il remplit jusqu'à la fin de ses jours, en prince vraiment religieux, renversant les idoles qu'il avoit élevées, & rétablissant le culte du

Seigneur, qu'il avoit presqu'entiérement aboli. Son regne fut de cinquante-cinq ans, y compris le tems de sa captivité.

On doit placer à cette époque l'histoire de Judith.

D. Donnez-nous en abrégé l'histoire de cette héroïne ?

R. Judith étoit fille de Merari, & veuve d'un nommé Manassés : elle étoit d'une beauté singuliere ; mais elle étoit plus recommandable par son austere vertu ; elle habitoit Bethulie où étoit son héritage & qu'on regarde comme le lieu de sa naissance, & y vivoit dans la plus grande régularité. Lorsque, pour favoriser l'ambition de Nabuchodonosor, roi des Assyriens, qui méditoit la conquête de l'univers, & que l'on croit être le *Soofdakin* de l'histoire prophane, ses troupes commandées en chef par Holopherne, vinrent mettre le siege devant Bethulie : ils presserent si vivement cette place, que les anciens de la ville résolurent de se rendre. Judith, instruite de ce lâche projet, se sentit tout-à-coup animée de l'esprit de Dieu, & forma le dessein de délivrer son peuple : après une fervente priere à Dieu, elle releve ses charmes par l'éclat des parures, &

court ainsi au camp ennemi. Mettant de la fineſſe & de la ruſe dans ſes diſcours, elle fut préſentée à Holopherne, qui, épris de ſa beauté, lui donne le plus ſomptueux feſtin, où ſe livrant aux excès de la table dans l'eſpérance de goûter tous les délices de l'amour, il s'enferma avec Judith dans ſa tente ; & cette héroïne le voyant endormi preſque ſans ſentiment, lui trancha la tête avec ſon propre cimeterre & la porta à Bethulie, ce qui ranimant le courage des aſſiégés, ils firent une ſortie qui mit en déroute toute l'armée des Aſſyriens : c'eſt par cette action courageuſe, & qu'on ne pouvoit guere eſpérer d'une femme, que Judith éterniſa ſon nom & ſa mémoire.

D. *Reprenez le fil de l'hiſtoire des rois de Juda.*

R. *Amon* ſuccéda à *Manaſſés*, ſon pere, & ne régna que deux ans ; l'idolâtrie fut ſon culte, il fut tué par ſes propres domeſtiques. *Joſias*, ſon fils, fut couronné après lui ; il étoit deſtiné à réparer les abominations de Juda & à porter ſon peuple à la pénitence : ſon premier ſoin fut de rétablir le temple, & de faire revivre la beauté

des

des cérémonies. L'Écriture releve sa
piété qu'elle met au-dessus de celle de
tous ses prédécesseurs : de son tems
le grand prêtre *Helcias* trouva le livre
de la loi, c'est-à-dire le deutéronome ;
ce qui occasionna une grande joie &
une grande rumeur à Jérusalem : sans
doute que c'étoit le manuscrit même
de Moïse qui avoit été placé auprès
de l'arche & qui s'étoit égaré dans les
différens troubles de Jérusalem ; car
il n'est pas à présumer qu'on n'en eût
point d'autre : il seroit cependant aisé
de conclure par l'étonnement du grand-
prêtre, du roi & du peuple même,
que les copies qu'on avoit d'un livre
aussi essentiel, n'étoient pas des plus
fidelles, & qu'on fut surpris de s'être
si fort éloigné de la loi que Moïse lui-
même avoit établie par l'ordre de Dieu.
Quoi qu'il en soit, le prince ayant
entendu la lecture de ce livre, déchira
ses vêtemens, fit consulter une pro-
phétesse sur le sort de Juda, & mit
tout en œuvre pour faire observer la
loi à la lettre ; la premiere pâque qu'il
fit célébrer fut mémorable, & l'Écriture ne craint pas de dire qu'on n'en
avoit jamais vu de semblable à Jérusalem ; la pompe cependant n'en fut

F

pas plus grande qu'à l'ordinaire, mais
la ferveur fut plus grande, & le culte
du Seigneur ne fut point prophané par
le mélange d'un culte superstitieux &
criminel ; car le roi avoit pris soin
de chasser de Jérusalem tous les devins, tous les aruspices, & de détruire
tous les lieux suspects & tous les autels
sacrileges. On lui annonça cependant,
que le Seigneur étoit irrité contre son
peuple ; mais qu'en récompense de sa
fidélité il n'auroit pas le déplaisir de
voir les maux de Juda : en effet, étant
allé à la rencontre de *Nechao*, roi
d'Egypte, qui marchoit contre le roi
des Assyriens, il fut tué dans le désert de *Maggedo* & rapporté à Jérusalem pour y être inhumé avec ses
peres ; il régna trente-un ans : après sa
mort le peuple s'empressa de lui donner
un successeur dans la personne de *Joa-*
chaz ou *Sellum*, dont l'impiété fut aussi
grande, que la piété de son pere avoit
été édifiante : l'imprudence de *Josias*,
son pere, à vouloir combattre *Nechao*
qui ne pensoit pas à lui, lui attira
cet ennemi sur les bras : il vainquit
en effet *Joachaz* & l'emmena captif en
Egypte après trois mois de regne,
& donna pour roi à Juda *Eliacim*,

frere de *Joachaz*, après lui avoir changé son nom en celui de Joakim, & l'avoir rendu son tributaire.

Joakim régna onze ans à Jérusalem, enchérissant sur l'impiété de son frere *Joachaz*. Dans ce tems-là les malheurs de Juda redoublerent, & les oracles des prophetes commencerent à s'accomplir : Nabuchodonosor vint assiéger Jérusalem, & se contenta pour cette fois de rendre le peuple de Juda tributaire. Bientôt des troupes de voleurs vinrent fondre de tous côtés sur Jérusalem & ses dépendances, pillant tout ce qu'ils rencontroient : après trois ans de servitude, *Joakim* essaya de se révolter, il n'y réussit pas & mourut peu de tems après.

Joachim, son fils, prit en main l'autorité, il n'en jouit que trois mois ; il fut bientôt transporté à Babylone avec la plus grande partie du peuple par Nabuchodonosor, qui ne laissa à Jérusalem que le nombre des habitans qu'il falloit pour cultiver les terres. Il leur donna pour roi *Matthanias*, qu'il fit appeller *Sedecias*, & qui fut aussi infidele que Joakim & son pere. Nabuchodonosor mécontent de lui, vint de nouveau mettre le siege devant Jé-

rufalem, acheva de piller le temple &
la ville, & de ruiner l'un & l'autre ;
il emmena captif ce qui reftoit de
juifs avec leur roi, & c'eft ici que
commence la fameufe captivité de fep-
tante ans, prédite par Jérémie, & dans
laquelle le prophete Daniel fut compris : le carnage des Juifs dans ce dernier fiege fut effroyable, ceux qui furent affez heureux que d'échapper au
glaive ou aux chaînes du vainqueur, fe
retirerent en Egypte. Avant de parler
de cette captivité, nous dirons un mot
des prophetes.

CHAPITRE XVI.

Des Prophetes.

D. *QU'ENTENDEZ-VOUS par ce mot
Prophete ?*

R. J'entends un homme infpiré de
Dieu, qui lit dans l'avenir & qui annonce des événemens, dont Dieu feul
peut lui donner la connoiffance ; un
vrai prophete eft celui par conféquent
dont l'événement juftifie les prédictions, & qui en attendant qu'elles fe

réalifent, en prouve, s'il eft néceffaire, la vérité par des miracles.

D. Les prophéties font donc une preuve de la religion ?

R. Sans doute, puifqu'elles font un moyen dont Dieu fe fert pour manifefter aux hommes fes volontés, & qu'il n'eft pas poffible qu'une religion qui a de vrais prophetes foit fauffe, parce que Dieu ne peut pas rendre témoignage à l'erreur, & que la vraie prophétie ne peut venir que de lui.

D. N'y a-t-il jamais eu de faux prophetes ?

R. Pardonnez-moi, & l'Écriture nous en fournit des preuves, foit dans les mages d'Egypte, qui s'oppofoient aux prédictions de Moife, & qui imiterent certains de fes prodiges, foit dans les prophetes de Baal & autres qui prédifoient bien des événemens.

D. Y a-t-il des moyens & des regles pour diftinguer le vrai du faux prophcte ?

R. Oui ; & la premiere, c'eft lorfqu'il eft conftant qu'on ne peut pas avoir aucune connoiffance du fait, par le fecours des caufes naturelles : ainfi toute prophétie qui porte fur un fait à venir eft une vraie prophétie, fi elle eft juftifiée par l'événement : l'événement fera donc un moyen infaillible d'en reconnoître la

F 3

vérité ; fur-tout, fi la prophétie n'eft point conçue en des termes ambigus, & fufceptibles de plufieurs interprétations ; cette précifion eft encore un caractere effentiel à la vraie prophétie.

D. Mais quelle preuve aurez-vous de la vérité d'une prophétie dans le tems qu'elle eft publiée, fi le fait ne doit arriver que long-tems après ?

R. Le prophete pour lors doit autorifer fa miffion par des miracles, & c'eft ainfi que tous les prophetes fe font comportés ; en fecond lieu, on examine la fin de la prophétie ; fi elle eft bonne, c'eft un préjugé favorable ; fi elle eft mauvaife, on peut fans crainte la regarder comme un moyen de féduction : on peut en dire autant de la doctrine qui en eft l'objet.

D. Le nombre des prophetes a-t-il été bien grand dans l'ancienne loi ?

R. On peut dire qu'il y en a eu conftamment dans Ifraël & dans Juda, fur-tout depuis la divifion des tribus, époque de l'établiffement de ces deux royaumes ; à caufe des fréquentes prévarications de ces deux peuples : on trouve les oracles du plus grand nombre épars dans l'hiftoire des rois, parce que ceux qui les prononçoient n'ont pas pris la peine de les rédiger féparément ; *Elie* & *Elifée* qui ont été des plus illuftres & qui ont long-tems prophétifé, font de ce nombre : il n'en eft que feize qui nous aient confervé leurs prophéties dans un corps d'ouvrage féparé, & on les diftingue en grands & en petits prophetes.

D. *Qui font ceux que vous appellez grands prophetes ?*

R. On en compte quatre ; *Ifaïe, Jérémie, Ezechiel & Daniel.*

D. *Pourquoi les appelle-t-on grands Prophetes ?*

R. Parce que le nombre de leurs prophéties eft plus confidérable, & le volume qui les renferme plus étendu; on pourroit ajouter qu'ils ont prophétifé plus long-tems & fur des objets plus frappans & plus intéreffans pour la nation.

D. *Quel eft l'objet des prophéties des quatre grands prophetes ?*

R. La venue du Meffie, & les circonftances de fa vie & de fa mort femblent être le principal objet de celles d'Ifaïe : faint Jérome le regarde comme un évangélifte, plutôt que comme un prophete, tant il a mis dans fes oracles de précifion & de clarté; il femble en effet, que parlant de J. C.

& de son églife, il décrit les événemens préfens : il a prédit encore bien des événemens relatifs à fon peuple , & aux peuples voifins qui avoient avec lui quelque relation : il a écrit en Hébreu , & avec plus d'éloquence & plus de politeffe que les autres prophetes, parce qu'il étoit d'extraction noble ; on le dit en effet frere d'Amafias , roi de Juda. *Jérémie* a prophétifé la captivité de Babylone , & toutes les circonftances qui devoient l'accompagner : fes prophéties ne portent que fur des malheurs ; on y voit cependant de tems en tems des traits frappans qui ne peuvent être appliqués qu'au Meffie. Ses lamentations ne font précifément que l'expreffion de fa douleur & de celle de fon peuple captif ; elles font cependant prophétiques, & il y fait luire à Juda quelques rayons d'efpérance ; il a prophétifé pendant quarante-cinq ans, fous les regnes de *Jofias, Joachaz, Joakim Jéchonias & Sedecias*, rois de Juda : il ne fut point tranfporté à Babylone ; mais il fe retira en Egypte avec le refte des Juifs , qui, fatigués de fes oracles menaçans, le lapiderent, & il réunit ainfi le titre de martyr à celui de prophete : il a écrit en Hébreu comme

Isaïe, mais avec moins d'élégance ; il étoit cependant poëte, & ses lamentations sont assez châtiées. La prophétie de *Baruch* est une suite de celle de Jérémie : on prétend qu'il la lui dicta lui-même : son authenticité est disputée.

Ezechiel a écrit du tems de la captivité ; son objet étoit de consoler son peuple en lui annonçant un libérateur ; mais il le fait d'une maniere si énigmatique, qu'il n'est presque pas possible de le pénétrer. Il rappelle aussi presque tous les oracles de Jérémie pour le venger des faux prophetes qui le taxoient d'imposture. Il étoit de race sacerdotale, & il écrivit en Hébreu comme les autres prophetes.

Daniel fut encore suscité pendant la captivité, dont il prophétisa la cessation, & fixa le tems de la venue du Messie d'une maniere à ne pas s'y méprendre : il fait en outre l'histoire de son tems, & il annonce fort clairement celle des quatre grandes monarchies qui devoient diviser l'univers ; c'est-à-dire, les monarchies des Chaldéens, des Perses, des Grecs & des Romains : les Juifs refusent de le regarder comme un prophete, parce qu'il vivoit dans la cour du roi de

Babylone, & qu'il ne vivoit pas, selon eux, d'une maniere assez austere pour un prophete : ses écrits sont regardés cependant comme canoniques, à quelques histoires près, telles que celles de *Susanne*, de *Belus* & *du Dragon*, & le cantique des trois enfans dans la fournaise, histoires qui sont encore contestées par les chrétiens même. Nous aurons encore occasion de parler de Daniel.

D. Quels sont les petits prophetes ?

R. On en compte douze, & voici leurs noms; *Osée*, *Joël*, *Amos*, *Abdias*, *Jonas*, *Michée*, *Nahum*, *Habacuc*, *Sophonie*, *Aggée*, *Zacharie* & *Malachie*.

D. Pourquoi les appelle-t-on petits prophetes ?

R. Parce que leurs oracles sont en petit nombre & que la plupart n'ont prophétisé que sur un objet particulier.

D. Rappellez-nous en peu de mots l'objet principal de leurs prophéties.

R. Osée, qu'on regarde communément comme le premier des prophetes, a prédit la réprobation de la Synagogue & la vocation des gentils.

Joël a prédit la dévastation de son pays, la venue du Messie, la descente du Saint-Esprit, & a déterminé le lieu du jugement universel, qu'il fixe en la vallée de Josaphat.

Amos s'est étendu sur la ruine des dix tribus, la destruction du temple de Jérusalem & la splendeur du regne de Jesus-Christ.

Abdias n'annonce que la désolation de l'Idumée.

Jonas annonça la ruine de Ninive, sa prophétie n'est que conditionnelle, & la pénitence des Ninivites leur mérita le pardon de leurs crimes.

Michée prédit aussi la captivité d'Israël & de Juda, promit une liberté entiere sous le Messie dont il désigna le lieu de la naissance, c'est-à-dire Bethléem.

Nahum ne prophétisa que contre Ninive dont il prédit les malheurs, parce qu'elle avoit maltraité le peuple de Dieu.

Habacuc annonça la persécution de son peuple par les Chaldéens ; il ajouta cependant que Dieu viendroit au secours de son peuple, ce qu'on entend de la venue du Messie.

Sophonie prédit la destruction des Juifs & des autres peuples de l'Orient, & trace fort clairement la prospérité de l'église sous J. C.

Aggée exhorte le peuple au rétablissement du temple après la captivité, leur annonçant que la gloire de
ce second temple seroit plus grande
que celle du premier, parce que le
Messie l'honoreroit de sa présence.

Zacharie a le même objet qu'*Aggée* ;
il ajoute seulement que le Messie en-
treroit dans Jérusalem monté sur une
ânesse, & qu'il seroit reçu en triomphe.

Malachie, qu'on doit regarder comme
le dernier des prophetes, puisque ses
prophéties supposent la ville de Jérusalem & le temple rebâtis, exhorte le
peuple à être fidele observateur de la
loi & à offrir les sacrifices prescrits : il
répete tout ce que ses prédécesseurs ont
dit du Messie. Il a cela de particulier,
qu'il prédit la venue & le caractere de
son précurseur ; il parle aussi des derniers tems & du second avénement
d'Elie & de Jean-Baptiste.

CHAPITRE XVII.

De la captivité de Babylone.

D. *Quel étoit l'état des Juifs pendant
la captivité ?*

R. Les Juifs dans cet état avoient

la liberté de se conduire par leurs loix ; mais ils étoient sous une domination étrangere & n'avoient pas la douce consolation d'habiter leur patrie ; c'étoit-là pour eux le plus grand des maux, & quelque douceur qu'on mît dans la maniere de les traiter, ils se regardoient comme les plus malheureux des hommes, puisqu'ils étoient exilés : la captivité cependant dont nous parlons n'étoit rien moins que douce, & ils essuyerent plus d'une persécution pendant sa longue durée. On les traversa souvent dans leur culte & dans l'observance de leurs cérémonies légales ; Nabuchodonosor, le plus impie des rois, les força souvent d'adorer ses statues, & plus d'un Juif fut victime de sa résistance & de sa fidélité à Dieu ; ainsi *Ananias*, *Misael* & *Azarias* furent-ils jettés dans les flammes d'une ardente fournaise, d'où ils sortirent sains & saufs, chantant un cantique en l'honneur de l'Éternel, dans ce lieu redoutable ; ainsi le prophete Daniel fut précipité deux fois dans la fosse aux lions, parce qu'il craignoit & qu'il adoroit le Dieu d'Israël : dans ces tems de calamité, plusieurs d'entre les Juifs pousserent la politique jufqu'au facrilege, & craignant les hommes plus encore que leur Dieu ; ils manquerent à Dieu pour ne pas déplaire aux hommes, ou pour ne pas s'expofer aux tourmens & à la mort.

D. Quels font les événemens les plus remarquables arrivés du tems de la captivité de Babylone ?

R. 1°. L'hiftoire de Sufanne, que plufieurs regardent comme apocriphe, & qui n'eft point regardée comme telle dans l'églife romaine ; follicitée au crime par deux vieillards, elle préféra fa vertu aux dangers qu'elle couroit en fe refufant à leur infâme paffion ; ils feroient en effet parvenus à la couvrir de honte, & à lui faire fubir la peine des adulteres fans la prudente fageffe de Daniel qui confondit l'impofture par des queftions faites à propos aux criminels délateurs de cette innocente victime ; la contradiction de leurs réponfes les démafqua, & ils expierent par une mort honteufe & leur impudicité & leur calomnie.

2°. L'interprétation des fonges de Nabuchodonofor par Daniel à qui le Seigneur en donna l'intelligence ; ce prince injufte dans fes prétentions & inflexible dans fes réfolutions, fit périr grand nombre de devins & de mages, parce qu'ils n'avoient pas pu deviner le songe qui le tourmentoit & dont il avoit perdu la mémoire : Daniel eût été compris dans la bizarrerie de cette sentence, si Dieu ne l'avoit éclairé & sur la nature du songe & sur l'interprétation qu'on devoit lui donner.

D. Rapportez-nous en peu de mots ce songe & l'explication que Daniel en donna.

R. Nabuchodonosor avoit vu en dormant une statue d'une grandeur colossale qui lui jettoit des regards effrayans ; la tête de cette statue étoit d'or, la poitrine & les bras d'argent, le ventre & les cuisses d'airain, les jambes de fer & les pieds partie de fer, partie d'argille : tandis qu'il en étoit épouvanté, une petite pierre se détacha d'elle-même d'une montagne & vint frapper l'extrémité des pieds de la statue qui se brisa à l'instant & fut réduite en poussiere.

Voici l'interprétation que Daniel en donna ; il dit à Nabuchodonosor, que la tête de la statue signifioit l'état glorieux de son propre empire qui se-roit bientôt renversé par celui des

Perſes, moins glorieux, moins puiſſant que le ſien, auquel ſuccéderoit un troiſieme empire, c'eſt-à-dire, celui d'Alexandre, qui ſeroit encore moins floriſſant ; & que des ruines de ce troiſieme empire, il en naîtroit un quatrieme qui ſeroit extrêmement dur : que ce quatrieme empire ſeroit diviſé, & qu'une partie ſeroit détruite, tandis que l'autre ſeroit encore ſtable, ce qu'on entend de l'empire romain : & qu'enfin un cinquieme empire, figuré par la pierre détachée de la montagne, renverſeroit tous les autres, & dureroit lui-même éternellement, c'eſt celui du Dieu du ciel & de la terre.

Nabuchodonoſor vit encore en ſonge un arbre prêt à être coupé, ſans qu'on touchât cependant à ſes racines, & qui étoit condamné à paître l'herbe comme les bêtes, chargé de chaînes & garrotté dans toute la partie extérieure : Daniel l'interpréta de Nabuchodonoſor lui-même, qui, en punition de ſon orgueil & de ſes crimes, deviendroit ſemblable aux brutes & paîtroit comme elles pendant ſept ans, après leſquels il ſeroit plus grand & plus puiſſant que jamais.

Le troiſieme événement remarquable

est la mort de Jechonias, roi de Juda, qui fut après trente ans tiré de prison par *Evilmerodach*, successeur de *Nabuchodonosor*, & qui ne survécut que trois ans à sa liberté.

Le quatrieme fut cet arrêt terrible prononcé contre Balthazar, roi de Babylone, tandis qu'il prophanoit dans un festin somptueux les vases sacrés du temple de Jérusalem, que ses prédécesseurs avoient enlevés ; il fut exprimé en ces termes, qu'une main invisible traça en gros caracteres, sur un des murs de la salle, *mane, thecel, phares*, & que Daniel expliqua de la mort prochaine de ce prince, de sa réprobation & de la division de son empire : ce qui se vérifia en partie la nuit même ; car ce prince fut tué pendant la nuit dans son lit, & Darius Medus lui succéda.

Enfin la prise de Babylone par Cyrus, qui, devenu ensuite roi des Perses par son mariage avec la fille de Darius Medus, fonda le plus grand empire du monde : les Juifs lui firent la cour en lui produisant la prophétie d'Isaïe, qui lui prédisoit qu'il régneroit sur tout l'Orient, & que la ville & le temple de Jérusalem seroient rebâtis par son ordre : pénétré de reconnoissance pour le prophete, & cédant intérieurement à l'impulsion de Dieu lui-même qui l'avoit choisi pour délivrer son peuple, il donna d'abord un édit qui permettoit à ceux des Juifs qui le voudroient de retourner à Jérusalem & de travailler à la reconstruction de la ville & du temple : on peut regarder cette époque comme la cessation de la captivité, quoiqu'il restât encore beaucoup de Juifs à Babylone, & que les Juifs fussent toujours tributaires des Perses jusqu'au tems d'Alexandre.

CHAPITRE XVIII.

De l'état des Juifs après la captivité.

D. *Quel fut l'effet du premier édit donné par Cyrus en faveur des Juifs pour leur retour à Jérusalem ?*

R. Zorobabel à la tête d'une partie de la nation, profita de la liberté que leur accorda ce prince ; & son premier soin, arrivé dans sa patrie, fut de rétablir l'autel des holocaustes & d'offrir des facrifices au Seigneur. Ce ne fut qu'un an après qu'il commença à jetter les fondemens du temple ; cette cérémonie fe fit avec plus de joie que de pompe ; on ne pouffa pas cependant bien loin les travaux, ils furent interrompus par les prétentions des Samaritains. qui vouloient avoir part à l'ouvrage , fous prétexte qu'ils adoroient le vrai Dieu & ne faifoient qu'un même peuple avec les Juifs. Ceux-ci refuferent néanmoins de travailler avec eux, parce qu'ils reprochoient aux Samaritains de mêler dans leur culte & beaucoup de fuperftition & beaucoup d'idolâtrie. Les Samaritains irrités vinrent à bout par leurs intrigues à la cour de Cyrus, d'empêcher la continuation de l'édifice. Il refta fufpendu pendant feize ans, & on ne le pourfuivit que fous Darius, fucceffeur de Cyrus, qui, ayant la connoiffance de l'édit de fon prédéceffeur, en donna lui-même un fecond plus favorable encore ; & voulut contribuer par fes largeffes à cette pieufe entreprife ; il fe fit alors une feconde tranfmigration de Juifs plus confidérable que la premiere, ayant Efdras à leur tête ; arrivé à Jérufalem, Efdras fit

valoir l'édit du roi, il preſſa les travaux du temple qui fut enfin fini la
ſixieme année du regne de Darius ;
c'eſt-à-dire quatre ans après l'édit donné
par ce prince, & la premiere pâque s'y
célébra avec toute la pompe, toute la
ſolemnité & toute l'affluence poſſible.

*D. Ce temple étoit-il auſſi recomman-
dable que celui de Salomon, tant par ſa
grandeur & la beauté de ſes édifices, que par
les monumens qui le rendoient reſpectable ?*

R. Non ; il n'étoit ni ſi vaſte, ni ſi
bien ordonné, ni ſi riche ; il y manquoit en outre bien des choſes qui
étoient dans celui de Salomon. L'arche
d'alliance n'y étoit plus, & il n'en
eſt plus parlé dans les livres ſaints
depuis la captivité de Babylone : il y
en avoit cependant la figure : il y
manquoit auſſi la préſence de Dieu
dans le propitiatoire, &c. Ainſi, ſi la
gloire de ce ſecond temple eſt préco-
niſée par les prophetes, ce n'eſt que
parce qu'il devoit avoir l'avantage de
recevoir le Meſſie dans ſon enceinte.

*D. Que fit Eſdras de remarquable après
la conſtruction du temple ?*

R. Il mit en ordre les livres de la
loi, en fit la lecture au peuple, l'exhortant à être fidele aux préceptes

qu'elle renfermoit, obligea ceux des Juifs qui avoient contracté des mariages avec des étrangeres, contre le précepte de Moïse, à répudier ces femmes : il composa ensuite le livre des paralipomenes auxquels il ajouta l'histoire de son tems que Néhémie poursuivit après lui.

D. La ville de Jérusalem & ses murailles principalement, furent-elles rétablies en même tems que le temple?

R. Non ; ce ne fut que sous le regne d'*Artaxerxes*, surnommé à longue main, que Néhémie, échanson de ce prince, obtint la permission de les élever. Les Juifs essuyerent encore bien des contradictions dans cet ouvrage de la part des petits princes leurs voisins, & particuliérement des Samaritains & des Arabes ; ils combattoient, dit l'Écriture, d'une main & bâtissoient de l'autre : ils vinrent cependant à bout, sous la protection d'*Artaxerxes*, de conduire cette entreprise à sa fin, & ce n'est que de cette époque qu'il faut dater les soixante-dix semaines de la prophétie de Daniel touchant le Messie.

D. N'étoit-il resté aucun Juif dans la Syrie après la transmigration & le rétablissement des murs de Jérusalem ?

R. Il en étoit resté plusieurs, & ils y essuyoient de tems en tems de violentes persécutions ; une des plus terribles, est celle qui s'éleva sous le regne d'Assuerus, & qu'Aman, favori de ce prince, avoit suscitée lui-même pour se venger des prétendus mépris du Juif Mardochée qui languissoit sans récompense à la porte du palais du roi, quoiqu'il eût sauvé ce prince & l'état d'une conspiration ; il ne s'agissoit de rien moins que d'égorger tous les Juifs qui restoient en Syrie.

D. Comment prévinrent-ils un si grand malheur ?

R. Esther, niece de Mardochée, ayant trouvé grace aux yeux d'*Assuerus*, qui l'épousa après avoir répudié la reine *Vasti*, obtint par ses prieres la révocation de cet ordre barbare que le superbe *Aman* avoit surpris à ce prince, plutôt qu'il ne l'avoit donné. Les choses même n'en resterent pas là ; car Assuerus ne pouvant dormir la nuit qui suivit la révocation de son édit, se fit lire les annales de son regne, & étant tombé sur le service que Mardochée avoit rendu à lui & à son royaume, surpris qu'on eût laissé une action si généreuse & son auteur sans récompense, inftruit d'ailleurs qu'Aman fe propofoit de faire périr le lendemain ce bon vieillard fur un gibet, fut tellement outré du procédé de fon favori, qu'il ordonna le lendemain le triomphe de Mardochée & la mort d'Aman fur le même gibet qu'il avoit préparé pour le libérateur de l'état.

D. Quel fut l'état politique des Juifs fous les rois des Perfes jufqu'au tems d'Alexandre ?

R. A la faveur d'un léger tribut qu'ils payoient à leur fouverain, ils fe gouvernoient felon leurs loix : ils ne jouiffoient pas cependant de la fuprême autorité & ils étoient toujours dans un état de dépendance : ils avoient des gouverneurs pris de leur nation ; mais qui étoient nommés par les Perfes. *Néhémie* fut revêtu de cette dignité par *Artaxerxes* à longue main, & il fe comporta avec tant de fageffe & de prudence, qu'il força l'eftime & l'admiration de fes freres & de fes fupérieurs : il acheva pendant ce tems-là l'hiftoire de fon tems qu'Efdras avoit commencée, & il la finiffoit lorfqu'Herodote commença à écrire.

On peut obferver ici, 1º. que depuis la captivité Dieu fe renferma pour ainsi dire en lui-même, & qu'il ne parut plus de prophetes parmi les Juifs.

2°. Que ce n'est qu'après la captivité que le nom de Juif fut donné à toute la nation, parce que les restes des tribus dispersées, qui formoient auparavant le royaume d'Israël, furent confondus dans la tribu de Juda.

D. *Comment Alexandre devint-il maître de la Judée?*

R. *Alexandre*, roi de Macédoine, plein de vastes projets, & méditant la conquête de l'univers, vint chercher Darius, qui régnoit alors en Perse, jusque dans son royaume; & l'ayant vaincu dans une fameuse bataille, s'empara de tous ses états, & lui succéda par conséquent dans son autorité sur la Judée : préférant cependant la gloire de vaincre à celle de régner, Alexandre traita les Juifs avec beaucoup de douceur & d'humanité, ils eussent sans doute été plus tranquilles si son regne avoit été plus long ; mais il mourut la douzieme année de son regne, & sa mort occasionna la division de son empire, que ses capitaines partagerent : il en résulta trois vastes royaumes ; c'est-à-dire, le royaume de Macedoine, celui

celui d'Egypte & celui de Syrie ; les Ptolomées régnerent en Egypte & les *Séleucides* en Syrie. Les Juifs paſſerent ſous la puiſſance des Syriens, ſous leſquels ils euſſent vécu dans la plus grande paix, s'ils ne l'avoient troublée eux-mêmes par leurs diſputes domeſtiques, à l'occaſion de la ſouveraine ſacrificature que pluſieurs ambitionnoient & qu'ils exerçoient en même tems. C'eſt à ces jours de paix & de troubles tout à la fois qu'on peut rapporter le pillage du temple par une bande de ſcélérats d'entre les Juifs même, & le châtiment d'*Heliodore* qui fut battu cruellement de verges par des anges ſous une figure humaine, pour avoir voulu à ſon tour forcer les portes du temple & en enlever les tréſors.

C'eſt auſſi à-peu-près dans ce tems-là que *Ptolomée Philadelphe*, roi d'Egypte, demanda à Eléazar ſouverain pontife des Juifs, un exemplaire des ſaintes Écritures & des docteurs de la loi pour les traduire en grec : Eléazar lui envoya ſoixante-douze docteurs pris dans les différentes tribus, qui, ſous les auſpices de ce prince amateur des lettres, firent dans l'eſpace de ſoixante-douze jours cette verſion qu'on appelle des *septante* : l'isle de Pharum, à une très-petite distance d'A-lexandrie, fut le lieu où ils s'assem-blerent & où ils exécuterent leur pro-jet : cette version est la plus généra-lement reçue.

D. Les Juifs resterent-ils long-tems soumis aux Egyptiens ?

R. Jusqu'au regne d'Antiochus, vain-queur de Ptolomée, roi d'Egypte, & qui, après la conquête de ce royau-me, tourna ses armes du côté de Jéru-salem, attiré par l'appas des richesses qu'il espéroit de trouver dans le temple : il enleva en effet tous les trésors & tous les vases & fit dans la ville un grand carnage des habitans ; peu con-tent de cette expédition, il envoya quelque tems après un de ses inten-dans, qui, outre les tribus exorbitans qu'il força le peuple à lui payer, acheva d'emporter ce que son maître avoit laissé, fit un grand nombre de captifs & mit le feu aux quatre coins de la ville. Antiochus ne se borna pas à persécuter les Juifs dans leurs biens, il voulut encore abolir leur culte & y substituer la plus abominable idolâ-trie ; il fit beaucoup de parjures, de sacrileges & de martyrs : on vit alors des grands exemples de zèle & de fermeté pour la religion ; des femmes faifoient circoncire leurs enfans malgré les défenfes du roi & les livroient elles-mêmes au fer du tyran ; des vieillards refpectables préférant la mort aux plus flatteufes promeffes & à la tranfgreffion de la loi de leurs peres ; une mere exhortant fes fept enfans à fouffrir les plus cruels fupplices, plutôt que de manger des viandes défendues, & fupporter elle-même avec une conftance admirable la mort la plus douloureufe, après avoir été le trifte témoin de celle de fes enfans.

D. Comment les Juifs arrêterent-ils cette perfécution ?

R. Pouffés au défefpoir par la tyrannie d'Antiochus, ils s'armerent contre leur perfécuteur, & foutenus par la force & la valeur des Machabées ils en triompherent fou.... : le fidele & zélé Mathathias, leur ..... fut le premier qui fecoua le joug de l'impiété & qui vengea la caufe de Dieu & de fon peuple ; il commença par arracher la vie à un Juif qui venoit de facrifier aux idoles en fa préfence, & fit fubir tout de fuite le même fort au miniftre de la cruauté d'Antiochus ; il ſe retira enſuite avec ſes enfans & un nombre de Juifs fideles dans les montagnes, où ils furent pourſuivis par les troupes du roi. Leur piété pour la loi du ſabbat fut cauſe qu'ils furent battus, n'oſant pas ſe défendre de peur de la tranſgreſſer ; mais dans toutes les autres rencontres ils firent des prodiges de valeur & ſortirent toujours victorieux du combat. Mathathias mourut couvert de gloire après avoir effacé en partie la honte de Jéruſalem. Judas, ſon fils, lui ſuccéda, aidé des conſeils de ſon frere Simon, plein d'un courage à toute épreuve & ſoutenu par le Dieu des armées, il ne donna ni paix, ni trève à *Antiochus*, & battit conſtamment ſes armées, il le chaſſa entiérement des terres de Juda. Et pour ſe mettre à couvert des inſultes des Grecs, il fit alliance avec les Romains qui le traiterent avec beaucoup d'honneur.

La mort du ſuperbe & de l'impie *Antiochus*, qui mourut rongé de vers, donna quelque relâche aux Juifs : ils ſaiſirent cet intervalle de tranquillité pour rétablir le culte & pour célébrer des ſolemnités qu'ils avoient été forcés de négliger : ils établirent même des nouvelles fêtes, & en particulier celle du feu sacré qu'ils avoient retrouvé dans le puits où les lévites l'avoient enfoui, lorsque toute la nation fut menée captive à Babylone.

Cette paix ne fut pas longue, les successeurs d'*Antiochus* essayerent encore de subjuguer le peuple de Dieu ; mais leurs efforts furent inutiles, & Judas leur résista toujours, jusqu'à ce qu'enfin il succomba sous les généraux de Démétrius qui l'avoient attaqué avec une puissante armée, tandis qu'il n'avoit avec lui qu'une poignée de monde : sa mort coûta cher cependant à ses ennemis : Jonathas, frere de Judas, qui lui succéda, le vengea d'une maniere éclatante, par des victoires qui releverent encore la gloire du peuple Juif, & qui faisoient soupçonner que Dieu vouloit lui redonner un nouvel éclat & renouveller les prodiges qu'il avoit opérés en sa faveur.

La mort de Judas avoit cependant jetté la consternation dans toute la Judée ; on le pleura comme un héros, & jamais guerrier ne mérita mieux ce titre : il reçut encore celui de sauveur d'Israël, on n'auroit pu le lui refuser sans injustice.

G 3

Jonathas foutint noblement la gloire du nom des Machabées, il fut, comme fes prédéceffeurs, la terreur des enne- mis du peuple de Dieu ; fes victoires & fes conquêtes furent auffi nombreu- fes que celles de fon frere Judas. Il força enfin les Grecs à lui offrir la paix, qu'il ne reçut qu'à des condi- tions très-honorables ; il renouvella l'alliance de fon peuple avec les Ro- mains, dont il mérita l'eftime & les éloges. Il fut enfin trahi par Triphon qui méditoit de s'emparer du royaume d'Antiochus, & qui feignit de fe lier d'amitié avec Jonathas : il l'attira dans Ptolémaïde dont les habitans fermerent les portes & le tuerent lui & tous ceux qui l'accompagnoient. Ainfi périt ce brave d'Ifraël, cet homme puif- fant dans le combat, que l'Écriture exalte & qui par fon zèle & fa va- leur mérite d'être comparé à fes freres.

D. *Quel fut le fucceffeur de Jonathas ?*

R. Simon, fon frere : il marcha fur les traces de ce grand homme ; il dé- fendit la liberté de fon pays & affran- chit les Juifs du joug des Gentils. La Judée devint encore une fois un état indépendant & redoutable ; mais c'étoit- là comme le dernier rayon de fa gloire :

Simon périt à Jéricho par la perfidie de Ptolomée Evergete, son gendre.

Jean Hircan, son troisieme fils, lui succéda, il ajouta encore à la gloire de sa nation par ses conquêtes, il renversa le temple de Garizim & réunit toute l'Idumée au royaume de Judée. Il couronna enfin ses exploits & sa vie en donnant la paix à sa patrie.

Aristobule régna après lui, jaloux jusqu'à la cruauté, ambitieux jusqu'à la violence. Il rendit son regne odieux en immolant toute sa famille ; sa mort prématurée mit fin à sa tyrannie.

Alexandre, son frere, fut tiré après sa mort de la prison, où il l'avoit toujours détenu, & couronné à sa place : il rétablit les bornes du royaume d'Israël ; mais il poussa la cruauté aussi loin qu'Aristobule, il régna comme lui en tyran & se fit détester. Le sang des Juifs qu'il avoit répandu crioit vengeance contre lui : il mourut cependant d'une mort plus tranquille qu'il n'auroit dû se promettre.

C'est après lui qu'on doit placer le regne de Salomée qui gouverna la Judée pendant neuf ans : les Pharisiens prirent naissance sous son regne, & elle les protégea de toute sa force.

Leur exactitude à obferver la loi leur
acquit d'abord l'eftime de la nation, ils
la dominerent enfuite, & leur hypo-
crifie, fource d'une infinité de fuperfti-
tions, acheva de la corrompre.

Après la mort de Salomée, Hircan,
fon fils aîné, régna fur la Judée,
Ariftobule, fon frere, lui difputa le
royaume : les guerres inteftines que
leur brouillerie occafionna ne laiffoient
à l'un & à l'autre qu'une ombre d'autorité : ils appellerent Pompée, Comman-
dant dans le Pont, pour juger leurs diffé-
rents, il les termina en les affujettiffant
l'un & l'autre : la Judée devint pour lors,
ainfi que la Syrie, une province romaine.
Ariftobule fut traîné à Rome pour fervir au triomphe du vainqueur, &
Hircan conferva, fous la dépendance
des Romains, le titre de roi dont il
ne jouit pas long-tems ; car Ariftobule ayant trouvé le moyen de s'é-
chapper de fa prifon avec fes deux
fils, Antigone, fon aîné, obtint du fecours de Pacorus, roi des Parthes, &
s'étant faifi d'Hircan, fon oncle, il
lui fit couper le nez & les oreilles.

D. *Que devint alors le fceptre de Juda ?*

R. Il fortit de cette tribu & de toute
la nation, en paffant entre les mains

d'Hérode qui n'étoit qu'un étranger, & qui par la faveur d'Antoine & de Céfar, l'un & l'autre généraux des Romains, obtint le titre de roi des Juifs : en conféquence il s'empara de la ville de Jérufalem & fit couper la tête à Antigone. Après la bataille d'*Actium*, qui rendit Augufte maître de la plus grande partie du monde, Hérode qui étoit encore plus redevable de la couronne à Antoine qu'à Augufte, abandonna le parti du premier, & fe maintint dans fon royaume en faifant fa cour à Céfar & lui rendant hommage de fa couronne. Paifible poffeffeur du trône, quoique tributaire de Céfar, Hérode perfécuta fes fujets, & leur fit effuyer tout ce que l'oppreffion la plus tyrannique peut caufer de maux : il changea toute la forme du gouvernement, méprifa la loi, en renverfa le culte, abolit la plus grande partie des folemnités & ne laiffa pas même à fon peuple la liberté de fe plaindre. Tant de calamités firent ouvrir les yeux aux Juifs opprimés, & n'attendant plus de fecours que du ciel, en réfléchiffant fur les oracles des prophetes ; en calculant le tems qu'ils avoient marqué pour la venue du grand libérateur, voyant

G 5

d'ailleurs tous les fignes qui devoient précéder fa venue, ils foupçonnerent qu'il ne devoit pas tarder à paroître, & on attendoit généralement ce grand événement, lorfque le Meffie naquit en effet à Bethléem, l'an du monde 4000, & la derniere année du regne d'Hérode qui en étoit la trente-feptieme.

Nous ne dirons rien de ce fait intéreffant, objet effentiel de la foi de tous les chrétiens ; il n'en eft aucun qui ignore les circonftances de fa naiffance, de fa vie & de fa mort, dont chacune a vérifié quelque prophétie ; tous nos livres d'inftructions roulent fur ce grand myftere.

Nous ferons feulement quelques réflexions hiftoriques & morales fur cette partie de l'hiftoire que nous venons d'analyfer, c'eft-à-dire depuis la captivité de Babylone jufqu'à la venue du Meffie, & nous terminerons enfin ce petit ouvrage en donnant une idée des derniers rois des Juifs & de leur ruine totale.

RÉFLEXIONS HISTORIQUES.

LA premiere, c'est qu'il y a beaucoup d'obscurité dans l'histoire du peuple de Dieu depuis la captivité de Babylone jusqu'au Messie : les tems n'y sont pas assez marqués & les personnes n'y sont pas assez distinguées ; il ne nous a pas été possible par conséquent, en ne consultant que les livres sacrés, de mettre plus de clarté dans notre Analyse.

La seconde, que ceux qui ont régné pendant cet intervalle, n'étoient point de la tribu de Juda, mais de la tribu de Lévi, & n'exerçoient qu'une autorité précaire ; ils méritent bien moins le titre de rois que celui de chefs d'Israël : c'est-là ce qu'on appelle le regne des Asfamonéens.

La troisieme, que la tribu de Juda fut toujours dominante & forma toujours un état, soit avant, soit après la réunion des tribus jusqu'à Hérode ; on ne peut donc pas dire que le sceptre soit sorti de Juda avant ce prince, qui fut comme l'époque de la décadence du peuple de Dieu.

La quatrieme , que les Juifs, dans quelque circonstance & dans quelque position qu'on les considere, ont toujours eu la liberté de se conduire selon leurs loix & ont toujours eu des chefs pour les régir, ou des rois pour les gouverner.

Ces réflexions suffisent & elles sont nécessaires pour détruire les difficultés qu'on fait contre l'accomplissement des prophéties concernant le Messie , & en particulier contre celle du patriarche Jacob.

RÉFLEXIONS MORALES.

ON doit considérer, 1°. dans la conduite de Dieu envers son peuple , qu'il le conduisoit, comme pas à pas, au grand événement prédit par les prophetes ; c'est-à-dire , sa réprobation & la vocation des Gentils à la foi ; chaque trait , en effet, de l'histoire emporte nécessairement avec lui un avertissement & l'accomplissement de quelqueor acle.

2°. Que ce Dieu sage a si bien tempéré les châtimens & les bienfaits envers ce peuple volage , qu'il a mis son ingratitude hors de toute excuse : les menaces ont toujours précédé les châtimens, & les châtimens ont toujours été suivis de quelque faveur, lorsqu'ils ont opéré le repentir & le retour vers lui.

3°. Que Dieu vient toujours à ses fins par des voies incompréhensibles, & que sa sagesse éclate dans le choix des moyens dont il se sert.

4°. Que la conduite qu'il a tenue envers un peuple entier, il la tient tous les jours à notre égard, & que le sort d'Israël & de Juda doit nous faire trembler sur le nôtre, si nous imitons leur persévérance dans le mal.

5°. Que l'aveuglement du peuple Juif à l'égard du Messie doit être regardé comme une suite de ses crimes & comme le châtiment le plus redoutable que Dieu puisse en tirer : cet aveuglement, en effet, est le prodige des vengeances de l'Éternel.

CHAPITRE XIX ET DERNIER.

*Des derniers Rois des Juifs & de la ruine
enticre de la nation.*

D. *Donnez-nous la suite des rois des
Juifs après Hérode.*

R. Hérode Archélaüs, fils du grand
Hérode, lui succéda : il suscita la persécution contre J. C. le vrai Messie,
& c'est sous lui que s'opéra le grand
mystere de sa passion & de sa mort.
Ce prince fut accusé devant César
après la mort de J. C. d'avoir voulu
secouer le joug des Romains, & il fut
exilé à Vienne en Dauphiné où il finit
ses jours.

Hérode surnommé Antipas, son frere,
lui succéda : il en retint la femme
avec laquelle il vivoit dans un commerce infâme. Jean-Baptiste eut la force
de lui reprocher son crime, il en fut
la victime ; car il eut la foiblesse de
le faire décapiter, à la sollicitation de
cette femme impudique. Ce prince fut
exilé par l'empereur Caligula & mourut
dans son exil.

Hérode Agrippa follicita la protection de Caligula & obtint le royaume de Judée : il fit mourir l'apôtre faint Jacques & mourut enfuite lui-même rongé de vers.

Son fils, appellé comme lui Agrippa, monta fur le trône après la mort de fon pere, fous le bon plaifir des Romains : c'eft devant lui que faint Paul parla avec tant de force du jugement dernier ; quoique ce prince eût été effrayé, il n'en fut pas moins l'auteur de la premiere perfécution contre les chrétiens : il paroît vraifemblable que ce fut-là le dernier roi des Juifs.

Le tems étoit en effet arrivé où ils devoient porter la jufte peine de leur déicide : ils l'accélérerent par des défordres de toute efpece : le doigt de Dieu s'appefantit fi vifiblement fur eux, qu'ils étoient livrés à un efprit de vertige qui leur rendoit familiers les plus grands forfaits. L'avarice de Florus, qui avoit été envoyé gouverneur en Judée après Agrippa, alluma d'ailleurs une guerre civile : l'efprit de révolte fermenta au point que Vefpafien, pour lors général des Romains, eut ordre de marcher contre la Judée pour la réduire : il prit quantité de

villes qu'il mit à feu & à sang : il ne
put cependant pourfuivre ses conquêtes , parce qu'il fut rappellé à Rome
par son élévation à l'empire ; Titus , son
fils , reprit cette affaire & vint mettre
le siege devant Jérusalem ; la peste & la
famine firent de grands ravages dans
cette ville pendant le siege : Titus la prit
enfin & la réduisit en un monceau de
cendres ; il vouloit conserver le temple,
mais un soldat y mit le feu & on ne put
jamais arrêter le progrès des flammes.
Ainsi s'accomplit la fameuse prophétie
de Jérémie. Il périt environ trois cens
mille Juifs dans cette expédition , qui
arriva l'an dé J. C. 70 : le reste fut
dispersé , & ils existent encore dans
quelques coins de la terre pour servir
de monument à la vérité de la religion qu'ils attestent par l'humiliation
de leur état : ils vivent , comme il a
été prédit , sans temple , sans sacrifice ,
sans autel , sans prince , sans forme de
république , & ils vérifient dans toutes ses parties l'anathême lancé contre
eux & que le sang d'un Dieu a gravé
d'une maniere ineffaçable. C'est-là un
prodige constant & une prophétie toujours renaissante , qui devroit ouvrir
les yeux aux ennemis de la vérité &

leur faire respecter une religion qui
ne peut être que celle de Dieu-même.

Ainsi finit le peuple du Seigneur,
ce peuple choisi, en faveur duquel il
déploya plus d'une fois toute la force
de son bras, & un nouveau peuple a
pris sa place ; il est écrit cependant
que les restes de ce peuple infortuné
seront rappellés à la lumiere de l'évangile dans les derniers tems.